Está todo por hacer

Está todo por hacer

Cuando el mundo se derrumbe, hazte emprendedor

Pau Garcia-Milà Pujol

Con la inestimable ayuda,
asesoramiento, soporte, corrección
y mejora de **Albert Figueras**

Plataforma Editorial
Barcelona

Primera edición en esta colección: febrero de 2011

© Pau Garcia-Milà Pujol, 2011
© de la presente edición: Plataforma Editorial, 2011

Plataforma Editorial
c/ Muntaner 231, 4-1B – 08021 Barcelona
Tel.: (+34) 93 494 79 99 – Fax: (+34) 93 419 23 14
www.plataformaeditorial.com
info@plataformaeditorial.com
Depósito legal: B. 4.364-2011
ISBN: 978-84-15115-28-1
Printed in Spain – Impreso en España

Diseño de portada:
Julia Garcia
www.juliantropia.com

Diseño de cubierta:
Utopikka
www.utopikka.com

Fotocomposición:
Grafime. Mallorca, 1 – 08014 Barcelona
www.grafime.com

El papel que se ha utilizado para imprimir este libro proviene
de explotaciones forestales controladas, donde se respetan
los valores ecológicos, sociales y el desarrollo sostenible del bosque.

Impresión:
Reinbook Imprés, S.L.
Sant Boi de Llobregat (Barcelona)

Índice

Prólogo |

La Primera Edición del «Foro Impulsa» el pasado mes de julio estuvo presidida por el orgullo, la alegría y el optimismo que rodean la llegada a una importante meta. Aquel acto de la Fundación Príncipe de Girona, constituida unos meses antes, veía la luz como catalizador y referente internacional para las voluntades y los trabajos dirigidos al progreso personal y colectivo de la gente joven. En conjunto, se trataba sin duda de un Foro no convencional.

En ese entorno único que es Girona, el «Foro Impulsa» alentado por las instituciones de la ciudad y por sus ciudadanos, entabló una sesión de trabajo que promovía el diálogo renovador, como puso de relieve Pau Garcia-Milà, cofundador de eyeOs –sistema operativo basado en el *cloud computing*–, cuando sintetizó su experiencia personal para los numerosos participantes en aquel encuentro, con otros ponentes venidos de los cuatro puntos cardinales.

Pau, Premio Nacional de Comunicaciones de España 2009 y Premio Impulsa 2010, destacó con palabras claras y espontáneas el papel de las ideas y la iniciativa, de la ilusión y el pensamiento libre –que nunca son naderías– para aportar soluciones a necesidades de los ciudadanos. Con convicción sonriente mostró que nuestro mundo globalizado ofrece oportunidades inéditas a hombres y mujeres de las jóvenes generaciones de España entera, para abrirse camino en la vida profesional. Oportunidades que surgen en todos los campos, también en áreas tan amplias, competitivas y esenciales como las nuevas tecnologías.

La lucidez y el esfuerzo que aportan Pau Garcia-Milà, los demás ponentes del «Foro Impulsa» y el Foro mismo, refuerzan con eficacia la actitud favorable de nuestra sociedad hacia el espíritu emprendedor de nuestros jóvenes y les secundan en su lucha diaria por superarse. Promueven de este modo en nuestra tierra las mejores prácticas, para que las generaciones más recientes de españoles puedan aspirar con confianza a liderar el futuro, que les pertenece. Una aspiración en la que cuentas con todo mi apoyo y aliento.

S.A.R. EL PRÍNCIPE DE ASTURIAS Y DE GIRONA,
Madrid, diciembre de 2010

Con mi mayor afecto,

V - elpe

Príncipe de Asturias i de Girona

1.
Aspirina o vitamina

El mundo se mueve a partir de ideas-aspirina (aquellas que solventan problemas concretos por los que pagarías para que te den una solución, como un dolor de cabeza que se soluciona con una aspirina) e ideas-vitamina (las que proponen soluciones que todavía no necesitas, pero que mejoran algo). Ya que cada día aparecen nuevos problemas y esos problemas necesitan nuevas soluciones es fácil decir que, en realidad, está todo por hacer.

Me llamo Pau Garcia-Milà Pujol, nací en Olesa de Montserrat en 1987. Olesa es un pueblo de veinte mil habitantes situado a treinta kilómetros de Barcelona conocido por tener una obra de teatro (La Passió) infinitamente mejor que la de Esparreguera, el pueblo vecino.

He de admitir que no me gusta demasiado la palabra «emprendedor», aunque si rebusco en la memoria, debería retroceder hasta el final de la adolescencia para ver cómo conecté por primera vez con esta palabra, que hizo que acabara escribiendo *Está todo por hacer*: Cuando tenía diecisiete años, mi amigo Marc Cercós y yo nos planteamos hacer pequeños proyectos en Internet como excusa para aprender a programar y a diseñar. Sin saberlo, decidimos hacernos emprendedores y empezamos a probar una cosa tras otra. Hicimos un periódico web sobre lo que pasaba en Olesa, un servicio que servía para que los que no sabían cómo hacerlo pudieran crearse una página web, juegos que nunca funcionaban y mil pequeñas cosas más. Queríamos crear aspirinas que solucionaran los males de miles de personas y, en realidad, creábamos vitaminas que a veces eran más placebo para los creadores que mejoras reales en la vida de alguien... pero así aprendimos, crecimos (aunque no demasiado) y nos dimos cuenta de que intentarlo era tan difícil como divertido. Y que valía la pena.

Entre los proyectos que empezamos, uno de ellos era claramente distinto por dos razones: en primer lugar, porque al principio no nos dimos cuenta de que era un proyecto en sí; en segundo lugar, porque respondía a una necesidad que el hecho de estar trabajando en los otros proyectos había creado: Olesa está en pendiente, y vivíamos bastante separados. Cuando uno de los dos iba a casa del otro para trabajar, tenía que subir la cuesta o bajarla durante diez minutos; hasta aquí, todo perfecto. Sin embargo, el problema surgía cuando te olvidabas un archivo en la otra casa, lo que significaba que tenías que deshacer el camino y, luego, regresar.

Afortunadamente, hace cinco años los *pendrive* tenían muy poca capacidad. Y digo que esta fue una circunstancia afortunada porque quizá con uno de estos discos duros portátiles que existen en la actualidad, no hubiésemos tenido un problema y, por tanto, no nos habríamos preocupado de buscarle solución.

Por tanto, tratamos de hallar una respuesta a nuestro problema y nos planteamos algo muy sencillo: ¿Por qué no creamos algo que nos permita dejar nuestros archivos en Internet y recuperarlos desde la casa del otro (¡o donde sea!)?

Este fue el embrión del proyecto que llamamos más tarde «eyeOS», la respuesta a una necesidad y al hecho de que ambos fuésemos despistados –algo que sí era difícil de cambiar–. Cuando llevábamos un mes pensando en la idea, vimos el documental-película *Los piratas de Silicon Valley*, dirigida por Martyn Burke, que relata los inicios de los ordenadores personales, así como la rivalidad entre Microsoft y Apple. Aunque como película no es ninguna maravilla, a nosotros nos sirvió para creernos que podíamos cambiar el mundo igual que los protagonistas y, sobre todo, para pensar en grande con nuestras ideas. Eso que habíamos creado no solamente era un pequeño programa para acceder a los archivos; era mucho más: el principio del Sistema Operativo Web, o el poder trabajar desde cualquier lugar con cualquier ordenador del mundo... Y sonó tan convincente que nos lo creímos.

En agosto de 2005 publicamos la primera versión de eyeOS –por cierto, el nombre salió en una cena, y demostró eso de que al final tu madre siempre te salva de los grandes dilemas de la vida–. Con todo el convencimiento del mundo —y, quizá, con la valentía o la desvergüenza que da la juventud—, publicamos la noticia asegurando que éramos el paso siguiente en la era de informática e Internet: un sistema operativo que funcionaba desde la web (al contrario de los sistemas operativos que se encuentran en cada ordenador). Realmente no esperábamos que nadie lo viera, digamos, tan ambiciosamente como nosotros, pero el periódico digital *OS News*, especialista en Sistemas Operativos, lo publicó en portada anunciando el Sistema Operativo del futuro: eyeOS. Resultado: al cabo de pocas horas había un par de centenares de comentarios de lectores que venían a decir algo así como: «¡Pero qué tontería habéis publicado!», «Esto no tiene sentido ni tiene futuro»...

A pesar de los comentarios críticos (algunos muy críticos), pensamos que íbamos a seguir adelante, porque si a nosotros nos resultaba útil, quizá podía serlo para alguien más.

Y aquí estamos, cinco años más tarde y, en parte, gracias a que dos años después de empezar estallase lo que hoy se conoce como *cloud computing* o «computación en la nube» (y de no haber desistido inicialmente cuando la gente nos decía que no había mercado, un mercado que «apareció» dos años después). Actualmente, eyeOS se ha posicionado como la principal alternativa a los grandes, está presente en 55 países, se ha traducido a cuarenta idiomas y cuenta con cerca de dieciséis mil voluntarios en la comunidad técnica. Hemos ganado un Premio Nacional de Comunicaciones y un Premio de los Príncipes de Asturias y de Girona IMPULSA

Empresa, entre muchos reconocimientos importantes en el medio técnico.

Este ha sido y todavía es, sin duda, un viaje que me ha enseñado el significado de ser emprendedor y a saber que no todo depende del capital inicial. Tener la oportunidad de escribir este libro es una parada más del camino, y espero poder guardarlo y releerlo de vez en cuando para recordarme que, aunque medio mundo opine lo contrario, no hay nada hecho ni inventado. En realidad, está todo por hacer.

2.
El porqué de este libro

Más que resumir los cinco años pasados, con este libro pretendo resumir los cinco que empiezan ahora.

«Hay unos pequeños momentos en los que,
sin darnos cuenta, estábamos decidiendo
lo que hoy existe, lo que creamos.»
PAU GARCIA-MILÀ, Fundador de eyeOS

Si tuviera que dedicar este libro a alguien, no lo haría solamente a mi padre, que me ayudó en todos y cada uno de los momentos desde que empecé a querer crear cosas con cinco años hasta llegar, cuando tenía dieciocho, a contarme anécdotas de cómo funciona una empresa siendo totalmente consciente de que esa era toda mi formación en la gestión de empresas.

Tampoco lo dedicaría exclusivamente a mi madre, que dio nombre a eyeOS y vio cómo todos los medios del mundo se olvidaban de mi segundo apellido (incluso a veces de la segunda mitad del primero).

Aunque parezca raro, tampoco se lo dedicaría todo a mis hermanas, abuelos o amigos que cuando nadie más se creía que una idea pudiese funcionar intentaban engañarme para que creyera que ellos lo usarían y que era una buena idea. Ni tampoco a un Felipe (S.A.R. el Príncipe) ni a otro Felipe (el expresidente) que aceptaron generosamente abrir y cerrar el libro con sus reflexiones, que seguro que os han sorprendido.

No, no. Debería dedicarlo de manera muy especial a un grupo de personas, algunas de las cuales conozco personalmente y otras que no; todas ellas tienen en común el hecho de que no pare ni un solo día de querer cambiar el mundo. El grupo formado por todas esas personas que me dijeron que perdía el tiempo, que no se puede crear una empresa sin haber estudiado dos carreras y tener un MBA, aquellos quienes insistieron en que las historias bonitas en este mundo sólo podían pasar en Silicon Valley. Al principio eran tres o cuatro, ahora ya estoy seguro de que se podrían contar en decenas. Son todos los que nos llamaron ingenuos por creernos que íbamos a crear algo grande, que veríamos mundo y que nos darían muchos premios por ello, sin tener dinero para empezar y sin tener prácticamente nada más que una idea.

Este libro es para vosotros. Sin ironía, si algún día me entero de que ha servido para alguno, todas las tardes con Albert habrán cobrado sentido.

Gracias también a...

Julia G., por la portada.
Enric S., por las diez maneras de pensar creativamente.
Jordi C., por decirme que este libro nunca se venderá.
Eduardo P., por mandarme 39 correcciones.
Marc C., por haber creado eyeOS juntos.
Cristina G., por la ayuda prestada.

Y sobre todo (con permiso de los demás) a **Albert Figueras**, porque sin él este libro no habría existido nunca.

3.
¡Pero qué idea
más [...] has tenido!

¿Será buena mi idea? Eso no funcionará nunca... ¿o sí? Espera, voy a reflexionarlo un rato y me decido... Las dudas iniciales interfieren muchas veces en el proceso de la creatividad o impiden calibrar con cierta objetividad el valor de una idea que sí puede funcionar.

Sí, estas siete palabras (con todo el peso del desprecio que suele conllevar cualquiera que sea el adjetivo que califica la palabra «idea» cuando te dicen esta frase) suponen, muchas veces, el fin de una prometedora carrera de emprendedor. Puesto que difícilmente podrás impedir que otros, por envidia o por desconocimiento, se expresen de este modo cuando les confíes alguna idea que has elaborado con toda la ilusión, quizá la mejor opción que te queda es reflexionar sobre cómo mover mejor tus ideas y aumentar las posibilidades de que lleguen a buen puerto.

El principio de una idea

Todo empieza en una noche en la que no puedes dormir. No sé por qué, pero en posición horizontal parece que las ideas fluyen mejor. Estás intentando dormirte y es entonces, sin esperarlo, cuando te viene a la cabeza esa idea que crees que va a cambiar el mundo... o al menos tu vida. Así empezaron grandes y pequeñas cosas que transformaron muchas vidas. Así empezó este libro y así se solucionaron grandes problemas de la física o la tecnología: durante una noche de insomnio en la que la persona insomne decidió encender la luz y escribir eso que le había pasado por la cabeza. Algunos escribieron diez páginas en un fantástico ordenador portátil; otros, una nota en un post-it que la mañana siguiente se encontrarían pegado en la mesita de noche y, otros, simplemente lo anotaron en esa Moleskine sin estrenar que habían titulado «Cosas que quiero hacer».

El principal problema de todo esto es que, muy probablemente, cuando te levantes por la mañana esa idea que iba a cambiarte la vida te parezca... digamos «menos emocionante» que cuando la has escrito. Es posible que te digas a ti mismo la gran frase que ha destrozado algunos proyectos brillantes: «¿Pero qué locura de idea has tenido?» o «¡Esto no funcionará nunca!». Estas frases pueden venir de tu propia mente o de tu madre, de tus amigos o profesores. Puede que te digan que no han oído una idea peor en años y hasta es probable que vaticinen que una cosa así nunca llegará a triunfar.

Quizás el gran peligro no es la frase en sí, sino las implicaciones que puede tener en un futuro, ya que la posibilidad de fracasar siempre existe y, si es así, el autor de esa frase puede convertirse en el autor de una nueva frase al enterarse de que no ha ido bien: «Te lo dije», «Deberías haberme escuchado». Y lo que es peor: «Yo ya sabía que una cosa así no podía funcionar».

Oír este tipo de cosas es mucho peor que el fracaso en sí, ya que es un factor determinante para futuras noches de insomnio: mientras estás decidiendo encender la luz y anotar la nueva idea que se te pase por la cabeza, te aparecerá esa persona diciéndote: «Yo ya sabía que una cosa así no podía funcionar». Total, que decidirás no encender la luz y seguir durmiendo con la esperanza de acordarte de esa idea la mañana siguiente. No nos engañemos, nunca te acordarás.

Parafraseando esa película que, por larga, decidí ver dos veces el verano pasado, una idea es como un virus, puede cambiarlo todo. Y hay que darle tal importancia.

Cuando Angie Rosales decidió crear su propia ONG (Pallapupas) –que luego se convirtió en la principal organización que lleva payasos a los hospitales– nunca habría imaginado que llegaría a tantos niños.

Ni Enric Duran, cuando decidió parar de entrenar a jugadores de élite de tenis de mesa para ver si podía «expropiar» (otros dijeron «robar») quinientos mil euros de varios bancos para darlo a acciones sociales y hacer un periódico explicando su hazaña.

Ni Dídac Lee, cuando decidió dejar de estudiar para empezar su empresa en contra de lo que recomendaba su entorno y, gracias a eso, diez años más tarde cumplió su sueño al convertirse en directivo del Barça –mientras sus empresas ya daban empleo a más de 250 personas.

O cuando, siendo dos chavales de Olesa de Montserrat, Marc y yo decidimos que la cuesta entre nuestras casas tenía demasiada pendiente como para subirla porque nos habíamos olvidado un archivo y se nos ocurrió crear un Sistema Operativo Web para solucionarlo, adelantándonos dos años al fenómeno *cloud computing*.

Todas estas personas son ejemplos de un hecho: con una idea bien instalada en la cabeza una vida puede cambiar, y lo que tenías pensado hacer en los próximos cinco años puede ser radicalmente diferente a lo que finalmente harás.

Acabarás arruinado por completo o hasta las cejas de billetes. Decidiendo en qué país quieres vivir o en qué país puedes esconderte. Celebrándolo con tu pareja o con el abogado de divorcios… Y lo mejor de todo: es posible que arruinado, divorciado y buscando dónde refugiarte, sientas que has tenido éxito, de igual modo que es posible que, rico, pensando dónde vivir y felizmente casado sientas que has fracasado… Y es que, aunque eso no te acordaste de escribirlo la noche que te despertaste con tu idea, cada idea nace con dos píldoras de información: qué es para ti –el arquitecto de esa idea– que la idea triunfe y que fracase.

La mañana después de apuntar tu idea es muy probable que te suceda una de estas dos cosas: que leas tu propia letra y no la entiendas (¡Hagamos el esfuerzo de escribir bien, ya que nos despertamos solamente para escribir!), o que pienses que la idea es buena, pero que ni de lejos eres capaz de desarrollarla.

Probablemente pensarás que eres incapaz de echar a andar esta gran idea adelante porque:

- no tienes dinero suficiente,
- te faltan conocimientos suficientes, o
- no has nacido en el lugar correcto para empezarla.

Dado que sólo se empiezan buenas empresas de informática en Silicon Valley, o sólo hay buenas marcas de coches en Alemania, igual como sólo podemos comer pizzas en Italia y nunca se nos ocurriría comer mango fuera de Cuba o de Brasil... pues lo más probable es que tengas razón y debas abandonar la idea. De todos modos, te sugeriría que cuando lo hagas, no tires a la basura el papel donde la habías apuntado; guárdalo. Y guárdalo en un lugar que recuerdes escribiendo la fecha en que tuviste la idea, para que cuando leas en el periódico que alguien en un país más pobre, con menos dinero y con menos estudios ha empezado esa misma idea y ha triunfado con ella, puedas usar ese pedacito de papel para descargar tu rabia.

Casi cualquier cosa puede empezarse en casi cualquier lugar, y pensar que tu idea está fuera de los «casi», muy probablemente reflejará más el miedo a fracasar y la búsqueda de una excusa para no empezar, que la propia realidad.

Nada mejor para terminar este capítulo que pensar en una frase que dijo Gandhi y que fácilmente podemos aplicar a nuestro nuevo emprendimiento a-punto-de-empezar, sea del sector que sea (no creo que Gandhi la dijera pensando precisamente en *start-ups* tecnológicas). Esta frase es lo que más nos puede ayudar cuando veamos a grandes empresas que nos hacen la competencia:

«First they ignore you, then they laugh at you,
then they fight you, then you win».

MAHATMA GANDHI

4.
El mundo de las ideas

Hay dos situaciones comunes y que representan un impedimento para la innovación y el emprendimiento. Conocerlas y pensar en ellas siempre ayuda a superarlas: (1) la persona que dice que nunca tiene ideas, una afirmación falsa; y (2) la persona que dice que siempre tiene ideas…, pero este mismo exceso le impide llegar a desarrollar ninguna. Ambas situaciones tienen los mismos resultados: parálisis, inmovilidad. Pero ambas tienen una solución que lleva a la formulación correcta de la idea.

Yo no tengo ideas.
Pues yo tengo muchas ideas

Tengo muchas ideas; ¿cómo sé cuál puede ser una «buena idea»? Esta es una de las frases que más he escuchado al hablar de innovación. La otra es, justo la contraria, la frase de quien se lamenta de que él nunca tiene ideas. Vamos a analizar con un poco de detenimiento el mundo de las ideas.

Todas las personas que lean este libro tienen muchísimas ideas; tú también. El problema es que muy pocas veces las personas creen que alguna de estas ideas puede llegar a ser un proyecto realizable. No se lo toman en serio.

¿De dónde surgen?

¿Cuándo?

En cualquier parte. Fíjate, yo voy por la calle, veo que tengo un problema, pero es un problema que otras personas no pueden identificar, quizá porque yo tengo unos antecedentes, una historia personal que convierten «mi» problema en algo especial. Es algo personal, del mismo modo que hay problemas completamente obvios para ciertas personas que yo nunca percibiría, aunque me concentrase mucho en identificarlos, simplemente porque no son un problema para mí.

En muchos casos, mientras sigo andando y me doy cuenta de que se me ha ocurrido una solución a cierto problema, inmediatamente me viene a la cabeza el pensamiento: «Seguro que hay muchas personas que ya están trabajando en esto», o bien: «Seguro que muchas otras personas ya han tenido esta idea antes».

Quienes dicen que no tienen ideas son, en realidad, personas que no se detienen a pensar en lo que piensan; es como si les diese miedo hacerlo.

Por otro lado, quien proclama que tiene muchas ideas y no sabe por cuál empezar, realmente tiene ideas, pero acaba no llevando ninguna hacia delante.

Por este motivo, me gustaría proponerte que dediques un espacio al día a pensar —un rato que te sirva también para desconectar de todo aquello que te preocupa en el día a día, como el trabajo, la familia, etc.—. Un tiempo para pensar y anotar las ideas. Esta es la manera de llegar a hacernos emprendedores cuando normalmente no podríamos hacerlo.

En relación con la edad, naturalmente, es muy cómodo intentar emprender cuando uno tiene diecisiete años, vive en casa de sus padres y no tiene gastos por los que preocuparse. En cambio, intentar hacerlo a los treinta, con un hijo y una hipoteca, resulta más complejo. En realidad, el riesgo de que te salga mal es similar a los diecisiete años que a los treinta; ahora bien, el potencial efecto nocivo del fracaso, o sus consecuencias, son realmente mayores en el segundo caso, cuando de este fracaso dependen muchas más cosas. Aunque por otro lado, con cincuenta es peor que con cuarenta y con setenta peor que con sesenta. Así que... ¡manos a la obra ahora mismo!

En resumen, es posible emprender y poner en práctica las buenas ideas a cualquier edad, pero la forma de hacerlo es distinta. En este caso, la mejor manera de empezar es destinar un rato diario a pensar y escribir las ideas y, al día siguiente, volver a leerlas. De este modo, quien dice que no tiene ideas, se da cuenta de que sí tiene, mientras que quien cree que tiene muchas, probablemente verá que no son tantas. Al cabo de un mes puedes tener el libro *Mis ideas*, el libro de las cosas que quieres hacer en tu vida. A continuación, lee y relee este libro, de modo que puedes descartar ideas que no son tan buenas o ideas redundantes. Y así hasta que quedan cinco ideas finalistas.

En este momento, hay que decirse: «Voy a intentar explicar estas ideas» y el trabajo consiste en buscar las palabras para expresar esas ideas de manera clara y sencilla. Por ejemplo: «Me gustaría crear un programa para que las personas pudiesen escuchar música a través de Internet».

Al hacer este ejercicio de síntesis y explicarlo en el trabajo o en el bar, da igual, es cuando es posible que alguien diga: «Bien, pero esto ya está hecho y se llama Spotify». O Bicing, o Aspirina C, o… Este es un momento mágico: entra en juego la mente colectiva, que es capaz de identificar duplicidades más allá de la capacidad individual o, al contrario, confirmar el interés de la idea y la necesidad que puede cubrir. Esto te ayuda a hacer un segundo filtro. Es esencial que una idea cuente con el potencial que suponen las otras personas. Dicho de otro modo, aquella frase: «Es que yo no conozco expertos en el área», no es más que otra de las infinitas excusas que te puedes poner a ti mismo para no empezar algo. Claro que es posible que no conozcas a un experto en finanzas, por ejemplo; ahora bien, por el hecho de tener a otras mentes de tu confianza (familia, amigos, compañeros de trabajo…) y pedirles que te ayuden, lo que haces es sumar otros cerebros al tuyo, porque todos se implicarán.

Es posible que en algunos entornos –probablemente incluido el nuestro–, cuando explicas una idea, muchos opinen que esta idea no vale nada. A primera vista, estos entornos pueden parecer negativos y contraproducentes; sin embargo, la parte positiva, lo fantástico, es que cuando expones tu idea en un grupo pequeño, todas estas personas se pondrán a pensar: «Eso, ¿existe?», y lo pensarán con ganas, porque estarán buscando como sea algo para desacreditar tu idea. De este modo, enseguida te dirán lo malo de la propuesta –con lo que tendrás elementos para mejorarla mucho.

Todo este proceso te ayuda a descartar ideas, porque el objetivo es quedarte con una o dos cosas.

El paso siguiente es empezar.

Perfecto, pero... ¿con quién?

Yo no llevaría a cabo un proyecto solo; si sois dos o tres personas trabajando en una idea, es más fácil empezar a trabajar. Tienes que tomártelo en serio. Para ello hay que buscarse un espacio dedicado a dar vueltas a esa idea, a pensar en ella y cómo llevarla a la práctica. O sea, es necesario decir: «Vamos a quedar un día para hablar de eso» y hacerlo. Quizá los primeros diez minutos todo sean bromas entre el grupo, pero el grupo se dará cuenta de que poco a poco va avanzando hacia la consecución. Quedar un día a la semana tres horas para ir dando forma al proyecto, es una buena manera de empezar a tomárselo en serio. Y no es excesivo. Es como quien queda con unos amigos la noche de los jueves para jugar al póquer, o quien queda con los amigos para hacer un partido de fútbol o jugar al tenis cada semana. Sin duda, es la mejor –quizá la única– manera de empezar a emprender cuando uno ya tiene un trabajo.

Es tan sencillo como quedar en un lugar, coger una pizarra o papeles y comenzar a responderse preguntas: «¿Cuántos somos en este proyecto?», «¿Qué recursos tenemos, doscientos euros?», «¿Qué podemos hacer con ese dinero?». Pues aparte del tiempo personal, probablemente comprar un dominio de Internet e imprimir unos adhesivos para darlo a conocer en el entorno. ¡Bien, ese ya es un inicio!

Un elemento a tener en cuenta es el presupuesto. A menudo incluso puede frenar una idea antes de que llegue a formularse. En realidad, no se trata de disponer de un gran presupuesto; a veces se puede partir de un presupuesto nulo. Lo importante es ser consciente de ello, haber pensado de cuánto dinero disponemos y lo que ello significa, los pasos que habrá que dar a continuación para llegar a alcanzar lo que se necesita para materializar la idea. Puede tratarse de doscientos euros o de dos mil.

Eso permite ir creando un mapa mental con las ideas y recursos que tenemos. Somos dos o tres; tenemos tantos recursos. Y creemos que el proyecto puede interesar a esta lista de personas de nuestro entorno. Si, por ejemplo, estamos creando un producto para escuelas, veremos a quién conocemos que se mueva en este entorno y que pueda contribuir a promocionarlo.

Una parte del mapa mental habría que dedicarla a las cosas que queremos aportar con el proyecto. Otra parte es el espacio dedicado a buscar el nombre del proyecto. Y también a los productos, programas o conocimientos –relacionados o no con el proyecto– y que pueden servir de punto de partida, lo que en terminología anglosajona se denomina el «*know-how*». Es interesante incluir en este mapa de ideas inicial lo que cada uno ha hecho anteriormente –y que, con toda probabilidad, no tiene nada que ver con la idea actual–, porque a menudo proyectos anteriores no terminados o los conocimientos en otras áreas pueden aportar algo al proyecto actual.

En resumen, creo que precisamente dar este paso es lo que puede serte útil. Decidirte a empezar, reunirte con las otras personas del equipo, redefinir el objetivo, valorar los recursos y elaborar el mapa mental.

El dinero para pagar la idea

Es importante definir bien el apartado de los recursos disponibles. Hay gastos que pueden reducirse o eliminarse y hay otros que no. La dedicación personal, la «nómina», es algo que puede eliminarse, porque inicialmente uno pone tiempo propio al proyecto. Al principio, si no tenemos oficina ni presupuesto para ella, es posible empezar el proyecto en casa de uno de los socios. Ahora bien, hay unos recursos materiales básicos que son imprescindibles para desarrollarlo y, varían en función de la naturaleza del proyecto. Cuando se dispone de ese presupuesto ajustado –los gastos que no pueden suprimirse–, llega el momento de buscar fuentes de financiación.

Acostumbra a haber tres grandes opciones para obtener estos recursos:

• Una primera aproximación es la de las tres «f», por las iniciales inglesas de «*family*», «*friends*» y «*fools*». La familia, los padres, son las personas que más confían en uno y, normalmente, quienes menos retorno de la inversión pedirán. Por regla general, es una inversión a fondo perdido, aunque, en realidad, sólo acostumbra a funcionar la primera vez. La parte negativa aparece cuando el proyecto no se lleva a cabo con un amigo, sino con tu pareja, ya que esto puede generar dinámicas nocivas para la pareja porque estás mezclando dos mundos muy complicados, y si se rompe la pareja, el negocio se va a pique. Luego están los amigos y ese grupo de personas al que hemos «vendido la moto» o engañado un poco para que nos dejen el dinero. Hay que tener cuidado de no confundir familia y amigos con *fools*, ya que entonces, si va mal, además de perder su dinero perderemos su confianza. Y eso vale mucho más que el dinero que nos hayan prestado.

• La segunda opción es el banco. El banco reclama unos intereses al cabo de un tiempo. La ventaja es que el proceso está regulado, e incluso en tiempos de crisis, no te pedirá más del 10 o 11% anual. Incluso la mayoría de veces se podrá conseguir por mucho menos. En poco tiempo puedes lograrlo, después de exponer tu proyecto, dejar que se lo estudien y presentar los avales correspondientes. Pronto tendrás el dinero en tu cuenta, disponible para su uso. El riesgo es que, en caso de no devolver ese dinero, te declararán moroso y no te dejarán más. A diferencia de los otros dos casos, no estamos hablando directamente con personas; a un banco se le puede decir un mes que no puedes pagar y es posible que lo acepten –pero poco más–. A partir de ese momento se encenderán todas las alarmas y correrás el riesgo de que te etiqueten de «moroso». Además, tienes que empezar a pagar desde el primer mes con pocas excepciones (si son préstamos oficiales o si negocias una carencia, pero no todos lo aceptan).

• La última opción es el inversor. Aunque muchas personas opinan que da menos miedo un inversor que un banco, en la práctica eso no debería ser así. Por este motivo, lo describo en último lugar. Si un banco deja diez, puede pedirte catorce al cabo de cuatro años; pero un inversor puede pedir cuarenta. Evidentemente, si te arruinas, un banco te obligará a devolvérselo y un inversor, no. Ahora bien, ¿podemos quedarnos tranquilos si tenemos una «deuda» con un inversor?

Se distinguen dos tipos de inversor, el llamado «*business angel*» y el «*venture capital*». El *business angel* se encuentra a medio camino entre la familia y el *venture capital*; es una persona próxima o alguien que se ha enriquecido con otro negocio. No te pedirá dinero de manera directa, pero se quedará con una parte de la empresa —cosa que no hace el banco— y quieren bastante retorno.

El *venture capital* es la opción más dura de todas; está mucho más serializado aunque te atará mucho más de varias maneras (con cláusulas conocidas como «de arrastre» o «de acompañamiento» que dan miedo incluso sin saber de qué van). La buena noticia es que presionarán y harán todo lo posible para, en poco tiempo, vender su parte con mucho retorno y beneficio. Esto significa que harán todo lo que puedan por hacer crecer el negocio de manera exponencial.

Naturalmente, una parte fundamental es la cantidad que necesitas. Esta es la razón por la que considero importante tener una lista cerrada y hacer un presupuesto exacto. Esto te ayuda a pensar de manera concreta y no creer que siempre te queda el «rinconcito» de seguridad. Yo soy partidario de entrar en el catálogo de Ikea y, si la mesa vale 359 euros, poner 359, no 360. Llamadme catalán y todo lo que queráis, que no me haréis sentir menos orgulloso de lo que acabo de decir. Si la suma total son 11.500 euros, entonces pide 11.500 euros, por el simple motivo de que esto te ayudará a autogestionarte. Si no miras hasta los decimales, entonces empiezas pensando que este tique no importa; este otro, tampoco... y terminas gastándote muchísimo más de lo previsto. Esta lógica es aplicable a todos los ámbitos; hasta hace poco, cuando uno pedía un crédito para comprarse una casa, si necesitaba trescientos mil euros, pedía cuatrocientos mil para poder pagar también los muebles, un coche nuevo y las primeras cuotas. Ya hemos comprobado todos hasta dónde nos ha llevado este tipo de gestión.

En la práctica: Uno de los frenos más importantes para los jóvenes con espíritu innovador suele ser precisamente el dinero para empezar. Piensan que nunca conseguirían esa suma y ya ni siquiera lo intentan. En este sentido, cuando me preguntan acostumbro a poner como ejemplo lo que nos sucedió en eyeOS. En aquel momento, teníamos diecinueve años y nada que nos sirviese de aval; únicamente todo el orgullo del mundo —aquella prepotencia que tienes cuando eres joven y aquel no querer que nos avalasen nuestros padres para demostrar que éramos capaces—. A pesar de tenerlo todo en contra —incluso, la crisis, puesto que fue en 2008—, el banco nos prestó dinero. Solicitamos un préstamo de cuarenta mil euros, que avalamos nosotros mismos, Marc y yo. Actualmente hay condiciones más estrictas, pero sigue habiendo dinero para prestar a las buenas ideas.

Llámame creativo

Siguiendo dentro del mundo de la idea, uno de los principales problemas cuando tenemos eso que podríamos llamar «sequedad creativa» es que solemos ver la montaña demasiado empinada; intuimos que tenemos una buena idea y que podría acabar funcionando, pero la tendencia a pensar: «Bueno, ¡ya lo inventará algún americano o algún japonés!», acaba ganando. Sin embargo, si realmente llega a inventarlo otro y te alegras, eres un poco iluso porque, o bien te alegras de que lo haya hecho otro, cuando podrías haberlo hecho tú, o bien te alegras de que lo haya hecho otro porque piensas que tú no hubieras sido capaz. En cualquiera de los dos casos, quizá te quede el premio de consolación de poder decir que tú lo pensaste antes; pero voy a decirte una cosa: no te extrañe que nadie te crea.

Si ves la montaña demasiado empinada, quizás una de las mejores soluciones sea hacer un curso de alpinismo. Y se puede aprender «alpinismo» bien en instituciones como ESADE o IESE –si tenemos posibilidades económicas– o, simplemente, buscando información en Internet o pidiendo ayuda a alguien que conozca el tema. Quizás hacer la primera declaración de IVA pueda imponer, pero siempre conocerás a alguien que ya sepa cómo hacerlo y pueda enseñarte la mecánica. O, simplemente, puede parecer una montaña el hecho de registrar una marca comercial.

Recuerdo que, en su momento, nos pedían mil euros por los servicios de un profesional que iba a registrarnos la marca, cuando el precio de hacerlo directamente está alrededor de 125 euros. Nuestra respuesta fue buscar qué había que hacer, qué formularios había que rellenar y dónde había que ir. En varias ocasiones estuvimos a punto de tirar la toalla y llamar al gestor pero, por suerte nuestra, era agosto y el gestor estaba de vacaciones. Una de las cualidades del innovador es la impaciencia —y, de eso, no nos faltaba—, de modo que acabamos resolviéndolo por nuestra cuenta sin ningún problema. Al finalizar el proceso recibimos un mensaje que decía: «Tu marca está pendiente» y seis meses más tarde nos llegó una carta que confirmaba que la marca eyeOS era nuestra.

Cuantas más cosas te hagas tú mismo, más estarás aprendiendo —tanto para ti mismo, como para los otros, porque aumentando el conocimiento personal y conociendo la mecánica, probablemente la explicarás a otros emprendedores que te vengan a preguntar cómo lo lograste—. Además, en el caso de un potencial fracaso, cuanto más hayas hecho por ti mismo, tanto más te servirá haberlo hecho, porque ya tendrás todo este conocimiento para ocasiones futuras.

Estimulando el pensamiento
para que piense creativamente

Estimular el pensamiento para que funcione de manera creativa es un arte. Yo lo aprendí de la mano de Enric Segarra, profesor creativo y creativo profesor de ESADE, que durante ocho horas me demostró, en primer lugar, que yo no era creativo para nada y, en segundo lugar, que podía llegar a serlo si me esforzaba.

En vez de copiar sus ideas le pedí que las escribiera para este libro y aceptó encantado, así que tenemos la suerte de tener diez consejos para estimular el pensamiento creativo de la mano de un maestro en el tema:

---

1. Lee todo lo que caiga en tus manos (incluso aquello que *a priori*, creas que no te aporta nada... Tu mente se exigirá encontrar algo útil para reducir así la disonancia).

2. Viaja sin preparar previamente el trayecto y déjate llevar; mejor aún, sal del hotel donde te alojes sin mapa y callejea siguiendo tu instinto (no olvides el móvil ¡por si acabas totalmente perdido!).

3. Mira a tu alrededor, como si buscases encontrar algo distinto (incluso entre lo cotidiano)... ya verás cómo siempre hay alguna cosa en tu día a día que ayer te pasó desapercibida.

4. Anota todo aquello que te haya captado la atención; toma fotos, garabatea, copia... (todo lo que quede re-

gistrado hoy, te servirá para volver a ese momento pasado mañana).

5. Ten el coraje de cambiar de tarea aun cuando te encuentres en el clímax (perder el *momentum* te forzará a crear otros nuevos y te ejercitarás en el arte de dejar pasar lo mejor... aceptando la frustración que eso supone).

6. Escribe de tanto en cuanto con la izquierda (si eres zurdo, obviamente, ¡hazlo con la derecha!) así, además de ejercitarte con la mano «mala» y ver que no hay nada imposible, valorarás mucho más la virtud de la buena.

7. Permítete diseñar el futuro preguntándote: «¿Qué pasaría si...?»; así, si eso que «soñaste» acaba pasando ya irás un paso por delante.

8. Regálate unos minutos cada día para actuar diferente (en la ducha, en el café, con tus jefes...). ¡Date el gusto!

9. Fuérzate cada semana a tener que comprarle un regalo a alguien... aunque acabes no comprándolo; piénsalo, sal y descubre cómo vas cambiando de idea.

10. Abre el diccionario al azar, toma una palabra sin más y *Google it!* Mira las imágenes relacionadas y déjate llevar... verás cómo empiezas a saltar de una cosa a otra sin pensar.

Acabas de leer mis diez propuestas... Ahora escribe tus propias diez y ¡empieza a ponerlas en práctica!

Si te han gustado las ideas y quieres convertir esas pocas líneas en el mejor libro de cientos de páginas sobre el tema, debes saber que Enric Segarra es el autor del libro *¡Empresas Ganadoras! ¿Cuál es su secreto? ¿Cuáles sus estrategias?* (que está disponible en http://enricsegarra.bubok.com)

5.
Quiero recrearme

Cuando ya hace unos días, semanas o meses que trabajamos en una idea, a veces deja de parecernos tan atractiva como cuando la tuvimos. ¿Sigue siendo buena la idea? Pensar de nuevo en la idea es un primer paso para redefinirla, ajustarla, mejorarla y, en definitiva, reinventarnos creando nuevas ideas.

Un tema del que me gustaría hablar es del momento en el que recreas la idea. Hemos hablado del momento eureka, de cuando tenemos una idea; otros libros hacen referencia a ello, también. Sin embargo, en mi opinión, tan importante como este instante es tener la oportunidad de recrear dicha idea.

Si tenemos una idea hoy y no realizamos el proyecto hasta dentro de cinco años, es muy poco probable que el proyecto se parezca a lo que pensamos inicialmente. Las ideas evolucionan, son dinámicas (o tendrían que serlo). El ejemplo típico son las empresas de software, que crean un producto y tienen que ir reinventándose constantemente si es que quieren vivir de ese producto. Al empezar a trabajar con clientes, entonces se refina la idea.

Es curioso porque como más tarde se empieza a materializar la idea, lo que uno va haciendo de manera más o menos espontánea –o más o menos inconsciente– es lo que se conoce como I+D, investigación y desarrollo sobre esta idea. Hay dos puntos que quisiera resaltar en relación con el refinamiento:

1. **Lo que acostumbra a suceder.** Empezamos a partir de la idea y todo lo que se hace es I+D, aunque no lo sepamos, muchas veces porque no hay ingresos para hacerlo de otra manera. Tarde o temprano llegan los primeros clientes, que empiezan a pedirnos cosas que ni habíamos pensado, de modo que esto nos ayuda a mejorar el desarrollo de la idea. De algún modo, ellos pagan el desarrollo que no está hecho.

Un momento interesante es el punto de inflexión, aquel en el que aumenta tanto el número de clientes, que no se les puede ir diciendo: «Espérate que estoy desarrollando esto o perfeccionando lo de más allá». Al final, sin darnos cuenta, lo que hace el grueso de clientes es frenar la investigación y el desarrollo. Esta situación es peligrosa, porque no nos damos cuenta hasta que no es demasiado tarde. El grueso de clientes se come nuestra capacidad de innovar. Y esto sucede tanto con la tecnología como con zapatos de diseño.

Imagínate que creas unos zapatos impermeables con un diseño atractivo e innovador. Estos zapatos pueden tener mucho éxito porque evitan que los días de lluvia tengas que llevar otro par de zapatos en la bolsa para sustituir las botas de plástico cuando llegas a la oficina.

Ahora bien, si mientras estás teniendo éxito, no dedicas parte de tu tiempo a innovar para hacer evolucionar la idea, en cualquier momento llegará otro fabricante que producirá los mismos zapatos y los venderá a mitad de precio. En este momento, si no has pensado en una versión mejorada o en una segunda versión, tu empresa fracasará.

Es decir, los primeros clientes tienen la versión 1.0; mientras, hemos ido haciendo investigación y desarrollo, y tenemos a punto una versión 2.0 que, eventualmente, puede sacarse si un competidor hace una copia de nuestra primera versión.

El problema es que cuando te das cuenta, a veces ya has perdido mucho tiempo. Te das cuenta de que no has creado nuevas versiones. Entonces empieza la solicitud de créditos adicionales para poder dedicar una parte a invertir en I+D.

En el caso de eyeOS, teníamos un proyecto muy grande con una empresa muy pequeña. Prácticamente inventamos un mercado; en realidad, la idea estaba desde hacía tiempo: era ese concepto de una pantalla tonta desde la que se puede acceder a los datos de un servidor remoto desde cualquier parte. Sin embargo, nos inventamos un mercado porque nadie lo hacía; en realidad, los demás empezaron a ponerse en el tema de *cloud computing* en el momento en que se dieron cuenta de que realmente existía un mercado.

2. Cómo evitarlo. Ahora bien, en pleno auge –cuando más estás vendiendo–, más te lo crees, y es precisamente en esta situación cuando menos cuenta te das de que no te estás reinventando. La solución, en realidad, pasa por separar las cosas desde el primer día, ya sea dividiendo el tiempo de las personas o diferenciando equipos por tareas: hay que dedicarse a probar cosas, a inventar y a reinventarse. Es lo que Google denomina «Google Labs» y que muchos grupos le llaman simplemente «Labs», laboratorio de ideas. De este modo, dentro de dos años, cuando la gente deje de hablar de ti porque ya te has quedado obsoleto, entonces tendrás la posibilidad de presentar lo nuevo, que es lo que la gente estaba esperando. Esta es la situación ideal.

Sin embargo, lo que creo que sucede muchas veces es que al final, sin darte cuenta, terminas haciendo lo mismo dos veces. El truco –aunque cuesta un poco de conseguir, pero acaba siendo lo mejor– es escoger al cliente y lograr aquel cliente que te pagará por hacer algo; ese algo es, precisamente, lo que tú habrías acabado haciendo gratis por tu cuenta. Si te diriges más o menos al *target* de cliente que desea precisamente lo que estás desarrollando, incluso puedes planteárselo abiertamente: «Te haré un descuento muy importante si pagas por el desarrollo del producto que buscas», o simplemente: «No pagues y dentro de un año lo tendrás». Luego será posible comercializar y difundir este nuevo producto.

Por tanto, redefinir la idea y ajustarla, más que ir haciendo pequeños ajustes sobre la marcha es llegar a sorprenderte a ti mismo. Lo que innoves tiene que resultarte de utilidad a ti mismo. Si lo que buscas y desarrollas te resulta **útil para ti mismo,** entonces ya has ganado una parte importantísima de la batalla.

Es fácil pensar que voy a inventar algo para solucionar un problema que tiene un colectivo concreto, pero si no pertenezco a ese colectivo (de superdotados, de personas ciegas, de inmigrantes, etc.), es muy poco probable que pueda ponerme en su situación y encontrar la mejor solución, simplemente porque no soy superdotado, no soy ciego o no soy inmigrante. ¿Acaso no hay emprendedores entre los superdotados o los invidentes? Pues tenemos que pensar que ellos lo harán mucho mejor. Ahora bien, si el producto me resulta útil, tengo muchas más probabilidades de encontrar a otras personas que tengan el mismo problema que yo y que puedan beneficiarse de ello.

Entonces, a la hora de reinventar, a la hora de sentarnos para crear o innovar, la pregunta mágica es: «**¿Qué estoy dejando de hacer con mi producto, para hacerlo con la competencia?**». En el ejemplo anterior de los zapatos para la lluvia, la respuesta sería: «Me quito los zapatos de lluvia y me pongo otros». Esta reflexión lleva a la siguiente pregunta, que quizás acabe dando con la respuesta creativa o innovadora: «¿Puedo hacer mis zapatos de lluvia suficientemente atractivos y bien diseñados, para que las personas no tengan que cambiárselos cuando ha dejado de llover?».

En el caso de eyeOS, utilizo mi producto Intranet pero... cuando quiero escribir un documento, tengo que irme a otro producto. De este modo, en nuestra primera versión, lo que hicimos fue añadir la posibilidad de crear documentos.

El día que te sientas frente a tu producto, lo utilizas y compruebas que te resulta útil y que está bien hecho, este es el momento en que te lo crees y, a partir de aquí, eres capaz de promocionarlo a quien sea, con entusiasmo y autenticidad.

6.
Critícame, pero no tanto

Cuando la idea ya está clara, llega la crítica. Y hay críticas especialmente interesantes: las de quien trata de ver todo lo negativo de tu idea, a veces por envidia, a veces por desconocimiento. ¡Saca partido de esta situación! Conocer bien los puntos débiles de tu idea de la mano de estas personas, te permitirá mejorarla.

Las críticas aparecen el primer día, luego menguan, pero vuelven a aparecer cuando presentas versiones nuevas de tu idea. Muchas veces, nunca terminan.

Las críticas iniciales son las que te intentan disuadir de que empieces. Si no hay un mercado para el producto, las críticas pueden ser cariñosas (de familiares o de tu entorno cercano) y pretenden buenamente evitar que te estrelles o que tires tu inversión a la basura. Pero también hay las críticas de personas a quienes haría rabia que triunfases o bien las críticas de compañeros que prefieren verte trabajando tranquilamente a tener éxito a su lado.

La crítica inicial, por tanto, suele tener el objetivo de: «No sigas adelante» o «Déjalo porque te irá mal». O bien: «No hay mercado» y, si existe ese mercado: «No tienes los conocimientos o la carrera adecuados», o «No puedes hacerlo desde aquí; eso hay que hacerlo desde…». Estados Unidos si son productos de software o, en el ejemplo del calzado, quizá la China; estas son las críticas fáciles, más o menos «tóxicas» que sólo permiten dos respuestas: o abandonar, o seguir adelante. Y, bueno, si sigues adelante y fracasas, algún «ya te lo dije» escucharás, pero aun en este caso, hay que tener en cuenta que nadie te podrá quitar todo lo que habrás aprendido con el fracaso.

Sin embargo, aparte de estas críticas tóxicas, hay otros aspectos de la crítica que me parecen interesantes: cuando ya has empezado y vas presentando los avances. Veamos un par de situaciones, siguiendo con los ejemplos que había comentado anteriormente.

Cuando ya he conseguido crear mis zapatos impermeables, empezaré a enseñarlos, y es posible que alguien me diga: «Oye, son muy feos». Seguramente, la persona que hace este comentario no habrá estudiado moda, no habrá viajado para ver pasarelas en varias ciudades del mundo… sencillamente, esta será su percepción.

Puedes tomártelo de dos formas. La opción sencilla es pensar: «No sabe, no entiende» y seguir adelante; la alternativa es pensar que esta persona nunca se compraría mis zapatos, y quizá tampoco lo hagan otros centenares de usuarios. Al fin y al cabo, esta persona es un usuario potencial.

En el mundo del software sucede lo mismo. Cuando alguien prueba el programa y dice: «No me funciona» o «No lo entiendo», puedo pensar que esta persona no tiene conocimientos de informática ni de usabilidad, y yo sí porque he estudiado... Ahora bien, si él va a ser el usuario de este programa, quizá merece la pena escucharle.

Siempre tienes los dos caminos. Es útil imaginarte que esta crítica, no te llega de un usuario a quien probablemente conoces, sino de cien usuarios distintos. ¿Qué respuesta darás, entonces? ¿Cómo podrás mejorar tu producto, entonces? Estas críticas iniciales suelen tener fácil solución y así llega el momento de presentar el producto en sociedad. A partir de este momento pueden suceder tres cosas: o bien tienes un éxito absoluto, o bien fracasas, o bien tienes cierta acogida y recibes algunas críticas adicionales.

De los dos primeros casos, del éxito rotundo o del fracaso, hablaremos en el capítulo siguiente porque es importante definir previamente unos parámetros para determinar cuándo consideras que has tenido éxito o que has fracasado.

Ahora bien, el tercer caso merece una consideración especial. Las críticas, cuando el producto empieza a funcionar, suelen ser del tipo: «Le falta esto o le sobra aquello». Y estos comentarios son enormemente valiosos. Creo que en Internet siempre tenemos herramientas muy potentes para poder conocer la opinión de los usuarios; las principales son dos, los formularios y los foros.

En mi opinión, la gente prefiere los foros, porque no saben dónde va a parar la información del formulario ni si lo leerá alguien o no. En cambio, en el caso de un foro, hay dos aspectos a tener en cuenta: (1) si está para criticar, a la gente le gusta y se ensañará más, para que los otros vean esta crítica, y (2) algo similar a lo que sucede con los restaurantes –que si está vacío no quieres entrar porque desconfías, pero si está demasiado lleno, tampoco, porque te harán esperar mucho–. Con los foros sucede algo parecido; si nadie lo comenta, pensarás: «Paso de comentarlo porque nadie le hace caso a este proyecto» pero, en cambio, si ves cierta actividad, entonces participas. Es decir, que los foros son muy útiles, pero tienes que preocuparte de irlos renovando, para que haya mensajes, pero que no sean excesivos.

Si estás empezando a funcionar y quieres crecer, aquí es donde más tienes que asirte. Hay varias maneras; la más común es aceptar la crítica, implementarla y dar las gracias. Ahora bien, cuanto más tecnológico sea el proyecto, mayor capacidad tienes para devolver el favor con algo que no sea dinero; incluso hay empresas que pagan por el feedback. Sin embargo, partiendo de la base de que somos emprendedores y que no tenemos dinero para ello, vamos a aprovechar las posibilidades de retorno gratuito. Cuanto más tecnológico sea, más posibilidades tendremos de crear cosas como una comunidad en Internet; cuanto menos tecnológico sea el proyecto, más posibilidad de crear una comunidad a tu alrededor. Y la comunidad se relaciona con el hecho de crear marca.

Al final, mucha gente habla de la marca como algo muy costoso; ahora bien, actualmente crear una marca puede ser tan sencillo como comprar el dominio (recomiendo que sea un «.com»). Esto puede costar treinta euros y, si quieres registrar la marca en tu país, es algo que puede costar unos 125 euros. La marca puede registrarla uno mismo, y es posible hacerlo rellenando un formulario en Internet, en la página de la OEPM, la Oficina Española de Patentes y Marcas.

Hay que tener en cuenta la cuestión de los dominios. Es preferible comprar el «.com» porque si este no está libre, y sólo lo está el «.org», por ejemplo, significa que si algún día la marca levanta el vuelo, probablemente alguien querrá vendértelo por un precio más elevado y, en caso contrario, puede colocar información que no te convenga —o, lo más habitual, una página pornográfica—. Por tanto, si el dominio «.com» no está disponible, lo mejor es buscar otra marca.

Recuerda: Lo más importante para crear marca es el dominio. Al final, nuestra capacidad para que la gente se identifique con nosotros, nuestra capacidad para enamorarlos de nuestra marca, depende de la capacidad comunicativa. En el caso de un producto tecnológico, quizás es más fácil a partir de Internet, pero también es posible en otros productos generalistas, como las zapatillas deportivas o los zapatos impermeables. El objetivo es lograr que las personas se identifiquen con el producto, y esto ha sido, a veces, fruto de la casualidad, como las tres rayas de las zapatillas Adidas o la X de las zapatillas Múnich, aunque en otras ocasiones es algo buscado con el logo (como es el caso del símbolo de Nike, para no salir del ejemplo del calzado). A menudo, no se trata de invertir grandes cantidades de dinero; es suficiente un detalle, algo que a veces puede considerarse una tontería.

En eyeOS empezamos haciendo unos adhesivos de manera artesanal que imprimíamos en una impresora normal y repartíamos en todas las conferencias. Cinco años más tarde, hacemos paquetes de veinte mil adhesivos que repartimos de quinientos en quinientos en las comunidades que tenemos en 55 países… Ahora bien, lo esencial es poner algo más que la marca. En nuestro caso, pusimos: «*I'm in the clouds*» («Estoy en las nubes»), en referencia explícita al *cloud computing*. Estos detalles hacen que a la gente le guste, y con esto se consigue muchísimo, se da un gran paso hacia delante: la gente se involucra.

En este punto, la crítica: «Esto es una locura porque tal y tal», pasará fácilmente a: «Oye, he tenido una idea, ¿por qué no haces esto y aquello?». Incluso, es posible que algunas personas se involucren sin ganar nada a cambio; en el caso de programario libre, si te involucras, tú también sales ganando, pero en otros casos, las personas se ofrecen para traducir la página web a su idioma o participan de otras maneras.

Una vez dispones de este grupo de personas, esta masa inicial de usuarios o clientes son quienes mejor conocen tu producto y, por tanto, quienes te proporcionan las mejores críticas; esto permite modular o gestionar las opiniones. Son los llamados «*early adopters*» (los primeros usuarios de un producto), quienes se darán cuenta de los defectos antes que nadie, y estas críticas te resultarán enormemente valiosas para mejorar. Es a esta comunidad a quien vale la pena escuchar.

Las críticas tras la reinvención

Es relativamente fácil tener éxito con lo que es nuevo y, si eres muy joven o si eres mayor cuando lo presentas, tienes algunas ventajas. Empezar una empresa a los 68 años o a los 20, llama la atención de los medios; tienes mucho terreno ganado. Si lo que has hecho es útil y bonito, será bastante fácil alcanzar el éxito. Ahora bien, cuando llega el momento de reinventarte, entonces aparecen nuevas críticas. La gente ya está acostumbrada a que tu producto esté en el mercado, y seguro que una parte importante se te echará encima para criticar esos cambios; por ejemplo, para criticar la versión 2.0, cuando ya conocen y están familiarizados con la versión 1.0.

Lo único que se puede hacer –naturalmente, aparte de censurar a tu propia comunidad–, es explicar las razones que te han llevado a introducir las modificaciones e involucrarlos con los cambios en la medida de lo posible.

Es posible que las empresas consolidadas que disponen de un presupuesto amplio para realizar estudios de mercado, pongan a una persona en diez supermercados para contar cuántos compradores se detienen a leer un cartel determinado; ahora bien, estamos hablando de *start-ups*, empresas que empiezan y tienen un presupuesto bajo. En este caso, como he comentado en capítulos anteriores, la opción pasa por hacernos nosotros mismos el estudio de mercado. Naturalmente, no saldrá tan bien como si lo hiciera una empresa que se dedica profesionalmente a ello; sin embargo, me gusta mucho la idea de que el pequeño emprendedor sea, al mismo tiempo, el pequeño agente de marketing, quien redacte el *business plan*, quien realice el plan contable… y, en pequeño, sea todo lo que se necesita inicialmente en la empresa.

Muchas veces, las críticas cuando presentas un producto nuevo, acaban siendo fruto de la decepción, en el sentido de: «Has decepcionado a la gente». La primera vez que me pasó, tuve mucho miedo, sobre todo cuando algunas personas decían: «¡Me quedaré siempre con la versión 0.9, que era mucho mejor!». Sin embargo, poco a poco te das cuenta de que por grande que sea el cambio, al final acabas acostumbrándote a él.

¿Recuerdas la moda de las hombreras? Algunas personas pensaron que siempre las usarían, incluso cuando la moda pasó. Ahora bien, un año después, cuando nadie las llevaba, aunque fueras una persona a quien no le importase demasiado lo de seguir las modas, acababas quitándotelas, probablemente por vergüenza. Lo mismo sucede con los cambios en los productos; las personas acabamos acostumbrándonos a ellos.

En resumen, las críticas suelen ser beneficiosas para la empresa y hay que aprender a aprovecharlas en beneficio propio. Cuando encuentres a un grupo de usuarios de quien te fíes y que te critique de manera constructiva, cuídalo. Si no los tienes, por lo menos presta atención a cualquier usuario que se te acerque y te dedique una parte de su tiempo para hacerte un comentario sobre tu producto, aunque difícilmente sabrás si ha dedicado dos horas a analizarlo antes de criticarlo, o si sólo lo ha hecho durante treinta segundos.

7.

El primer día antes del éxito

El primer día antes del éxito es el día siguiente al que decides poner tu proyecto en práctica. El primer día en el que te dedicarás a tu idea. Un momento ideal para definir cuándo considerarás que has logrado el éxito y, eventualmente, en qué punto considerarás que has fracasado. Tener ambos límites claros y definidos previamente impide, o bien la insatisfacción permanente a pesar de que estés teniendo éxito, o bien persistir en el error de creer que algún día llegará el éxito, cuando en realidad ya no es posible.

Hasta ahora hemos visto cómo pasar de muchas ideas a una sola y cómo conseguir dinero para materializarla. Ahora nos situamos en un punto que me gusta mucho: **el primer día después de la idea.** Este concepto de «el primer día de» (o «el primer día después de»), me parece especialmente atractivo, porque creo que revela bastantes cosas. ¿Qué haces el primer día después de haber vendido la empresa porque has fracasado? ¿Cómo te levantas y vences la resistencia para seguir adelante y buscar nuevas ideas? ¿Qué haces el primer día después de decidir que quieres poner en marcha una idea?

Te levantas y te dices: este es el primer día en que voy a dedicarme a tal cosa; tanto da si es sábado, porque es el único día que puedes hacerlo. Tienes que marcarte a ti mismo que estás cambiando algo en tu vida. Alguien puede pensar que es superfluo llegar a tanto; sin embargo, yo les diría que es esencial tomarte estas cosas seriamente porque, si tú mismo no te lo tomas en serio, ¿cómo esperas que se lo tomarán los demás? La persona que tiene que creer más en lo que tú haces eres tú mismo.

Va muy bien tener los pies en el suelo de vez en cuando, aunque la mayor parte del tiempo estés alejado de la realidad para ir creando tu proyecto. Tienes que pensar: «Esto, algún día, lo llevará o lo usará todo el mundo». Xavier Berneda, creador de las famosas zapatillas deportivas X de Munich, probablemente pensó: «Algún día estaré repartiendo mis zapatillas por todo el mundo». Lo mismo que Isaac Andic, fundador de la famosísima marca de ropa Mango.

La importancia de esta confianza en uno mismo la justifico porque, en la realidad, durante la ejecución del proyecto, surgirán problemas y, ante uno que parezca un poco mayor que los demás, la tentación de decir: «Es demasiado grande para mí, abandono» estará siempre presente y puede acabar absorbiéndote en los momentos de dificultad. Sin embargo, si tienes confianza en lo que te traes entre manos, es más fácil que puedas coger este problema grande y dividirlo en diez problemas menores mucho más sencillos de resolver.

En definitiva, ese primer día es lo que está entre el momento en el que surgió la idea y el éxito total. Así pues, una de las cosas más importantes a hacer ese primer día es definir cuándo considerarás que has alcanzado el éxito y organizarte para ello. Hay varias maneras de medir el éxito, y eso depende del proyecto y de cada uno.

«Éxito» puede ser sencillamente ganar suficiente dinero para poder pagarte tu nómina. O hacer un viaje para dar una conferencia. Lo mismo sucede con el fracaso —aunque, en este caso, normalmente, será: «Me he quedado sin dinero»—. Sin embargo, el éxito, lo que marca el triunfo de una idea o una empresa, es algo que cada uno tiene que definirlo según su perspectiva, y por este motivo no nos entretendremos con ningún ejemplo.

Una vez tengas el origen y el final, ahora te toca definir qué pasos irás dando entre medio. Es decir, si ya dispones del dinero, tendrás que pensar cómo vas a gastarlo para convertirlo en algo que será la fábrica de más dinero. Aunque debes recordar que el objetivo final no siempre tiene que ser el dinero; por ejemplo, quizás hayas pedido financiación para comprar material para hacer algo que regalarás, para esperar que la gente te conozca y venga para…

En mi opinión, esa obsesión que se tiene algunas veces de que con el dinero inicial hay que hacer más dinero, es un error. No siempre tiene que ser así. Quizá para lograr las primeras ganancias tengamos que dar siete pasos sucesivos, y la inversión inicial va a servir para poder dar el primero de esos pasos. Si este es el caso, sólo al final del proceso empezarás a obtener ganancias; mientras tanto, sólo irás perdiendo. Es interesante recordar este razonamiento; no hay que olvidar nunca los objetivos.

Un buen ejemplo de ello es el programario libre. Destinaré la inversión inicial a crear un programa informático que posteriormente regalaré a todo el mundo. Si resulta que se hace suficientemente conocido en su ámbito, es bien aceptado y se convierte en un referente, entonces tendrá sentido crear una empresa que se dedique exclusivamente a ofrecer servicios alrededor de este proyecto. Sin embargo, es absurdo empezar al revés, creando una empresa alrededor de un proyecto que nadie conoce; entonces no tienes nada de lo bueno del programario libre, y sólo te queda lo malo: que no puedes venderlo, que la gente no confía, etc. El éxito, en este ejemplo, llegaría después de haber decidido el tipo de programa que quieres crear, después de invertir para crearlo y después de llevar a cabo la promoción necesaria para que sea conocido; quizás el éxito sea que se hable de tu programa en una revista especializada o que un determinado número de personas confíen en él. Antes de eso, sólo pierdes dinero.

En el caso de eyeOS —o sea, *cloud computing*—, buscábamos que eso que ni siquiera tenía este nombre hoy tan familiar, recibiese el apoyo y que fuese un referente en su mercado: que recibiese el apoyo de grandes empresas y personajes. Esto lo logramos en 2008, un momento en el que todavía no teníamos ni un euro de beneficios. Nuestro éxito, entendido así, se logró en este momento.

Entonces, mientras tanto, ¿de dónde sale el dinero? Naturalmente, esto depende mucho del tipo de proyecto y de las oportunidades que cada uno genere. En nuestro caso, aprovechábamos la confianza de los primeros usuarios para hacerles páginas web personales o para su empresa, hasta que llegó un día que pudimos crear nuestra propia empresa para dar apoyo a eyeOS. Lo bueno es que toda la inversión inicial directa (el dinero puesto al comienzo) e indirecta (el dinero que dejamos de ganar en todas las horas que trabajamos, nuestros salarios, el dinero que no ganamos trabajando para otra empresa, etc.) sirvió para que se acercaran unas personas a quienes empezamos a hacerles páginas web. Un punto interesante en el que me quiero detener es uno de los momentos más curiosos: un día decidimos que dejaríamos de hacer páginas web. Dijimos: «A partir del próximo mes sólo nos dedicaremos a hacer cosas de eyeOS». Y ese mes dejamos de ganar los 2.000 o 2.500 euros que ingresábamos mensualmente al dedicarnos al diseño de páginas web; sólo nos llegaron 750 euros. O sea, abandonamos aquello que suponía ingresos seguros.

Es una situación similar a la que se encuentran muchas personas que están realizando un trabajo que no les llena, pero les proporciona importantes beneficios. Si deciden cambiar, en algún momento pasarán del puerto seguro al mar abierto. Estas personas quizá saltan al eslabón más bajo de la cadena en el área que les gusta, con la esperanza de ir ascendiendo para hacerse un lugar en ella; saben que quizá se estarán cinco años cobrando mucho menos de lo que están percibiendo ahora. Este, creo, es un momento interesante.

En este primer día, hay tantas cosas por hacer, que quizá lo más complicado es el hecho de ponerse a trabajar, de empezar. Recomendaría tener claras un par de cosas:

- aprovechar lo que tenemos al alcance y que no tendrá ningún coste;
- empezar por lo que requiera menos, pero que tenga mayor repercusión (por ejemplo, es relativamente sencillo imprimirse tarjetas de visita o hacerse una página web –incluso, hoy en día, es posible hacerlo sin ningún tipo de conocimiento en programación–; ahora bien, su repercusión puede ser muy elevada).

Esto tiene su interés por un motivo muy simple: obliga a crear contenidos, a definir tus objetivos, a definir quién eres y qué quieres, de modo que también te obliga a ir profundizando en tu proyecto, en tu idea. Sin darte cuenta, escribiendo y pensando, estarás haciendo un estudio de mercado o estarás haciendo un análisis de la competencia, un estudio DAFO, un *business plan*…, aunque no conozcas estos términos. Al terminar de preparar una página web, dispondrás de una serie de cosas que iría muy bien tener de antemano pero que, no nos llevemos a engaño, normalmente no se hacen. Y no se hacen por falta de conocimientos o porque, hacerlas de entrada, puede ser muy desmotivador. Cuando uno tiene un proyecto entre manos, lo que más desea es comenzar cuanto antes, no empezar a llenar un cuadro Excel. En este contexto, iniciar una página web es una manera de empezar a orientar el proyecto.

En definitiva, prepararemos un pequeño dossier que deberá contener los objetivos, la visión y la misión del proyecto y, aunque sea en un solo párrafo de la página web, tendremos que sintetizar algo parecido a un plan de negocio, mientras que, a falta de estudio de mercado, compartir la idea con amigos y conocidos –o simplemente buscar en Google–, puede aportar datos interesantes. Quizás esto parezca una broma, pero lo cierto es que cuando uno empieza y sólo puede hacer una inversión mínima, el hecho de hablar y explicar el proyecto, es de gran ayuda y puede ahorrar una inversión inicial. Quiero transmitir la idea de que hasta cierto punto, tú eres tu propio McGyver, aquel personaje de televisión capaz de ingeniárselas para arreglar una secadora sólo con ayuda de un clip y una tarjeta de visita. Es decir, que con lo poco que tienes, puedes hacer grandes cosas.

Así terminas el primer día y encaras el segundo, el tercero, el cuarto… Tienes tu lista de tareas y las vas realizando con ganas, dedicándole las horas que habías planificado, hasta el momento en el que llegas a las cosas que te apetecen menos. Es como si tu sueño quedase frenado porque tienes que responder un mensaje a un proveedor que no te paga, o tienes que buscar proveedores, o tienes que negociar con los bancos. Lo que debes saber es que todas esas cosas, o las haces con el mismo rigor que habías hecho las demás de tu lista, o dejas de hacer cosas realmente importantes, lo que puede dar al traste con el proyecto.

Finalmente, hay que recordar constantemente la importancia de varios elementos que nos pueden ayudar mucho en el futuro. Ya he explicado la importancia de tener una página web, y creo que a nadie se le escapa. También está el tema de las ayudas públicas, no para hacer un proyecto, sino concursos públicos de planes de negocio del Gobierno local, o concursos privados o semiprivados. Es importante por dos motivos: primero porque el importe económico del mismo puede suponer una ayuda nada despreciable al capital inicial del que disponíamos pero, además, está el hecho de poder poner en la página web: «Ganador de...». Aunque no se trate de un premio muy conocido, significa que, por lo menos, el proyecto ha sido valorado por personas externas, y eso ya da confianza.

Creo que, si volviese a empezar ahora, no dejaría pasar estas oportunidades. Aparte de premios y becas a la innovación, hay créditos a un interés muy bajo o nulo para jóvenes emprendedores, hay ayudas del Gobierno, el Instituto del Crédito Oficial, el Neotec... El esfuerzo que durante tres años hicimos por no creer en un *business plan*, sino continuar y continuar con el proyecto, nos llevó a perder oportunidades, a veces sólo por no querer pasarnos unas horas rellenando los formularios.

8.
Sin prisa, pero sin miedo

Llegó el momento de pasar a la práctica. ¿Cómo puedes hacer realidad tu idea? Trámites legales, buscar quien te financie, encontrar socios. Préstamos o inversores.

El miedo a empezar cualquier cosa nueva es lo más normal del mundo. Pero empezar cosas nuevas es, también, algo habitual o que tendría que ser habitual.

Quizá te acaben de decir que no tienes plaza para cursar la carrera que pretendías estudiar. Quizá la empresa donde estabas trabajando acabe de cerrar, o quizá acabas de divorciarte… Frente a cualquier eventualidad de este tipo, tenemos miedo. Miedo a qué vamos a hacer, miedo al paro, a lo que sea.

Pero también es el momento en el que se abren puertas para hacer cosas por ti mismo. Para emprender. Puede ser el momento ideal para empezar cosas.

Lo primero es creerte que puedes hacerlo. Esto es esencial. Con preparación, cualquiera puede hacer lo que se proponga. Una persona a quien le falta una pierna, con la preparación adecuada, puede hacer cosas impensables, como escalar una montaña; una persona ciega puede cursar una, dos carreras, si se lo propone.

Lo importante es ver qué complejidad tienen nuestros propósitos y dedicar suficiente tiempo para pensar en ello y para valorar con frialdad hasta qué punto es racional nuestro miedo. Qué complicaciones reales tenemos.

No sé cómo crear una empresa…
Creo que fracasaré…
Mi idea puede hacer que la gente de mi alrededor…
Creo que mi idea no tendrá éxito…

Hay soluciones para cada uno de estos miedos. Y nunca olvides el efecto placebo de creértelo tú mismo.

Hay una serie de dibujos animados que se puso de moda cuando yo era niño. Se llama *Dragon Ball* y fue escrita por Akira Toriyama. Recuerdo que cuando el protagonista estaba completamente destrozado y lleno de heridas, buscaba la «Judía mágica», se la comía y, poco después, se encontraba totalmente recuperado y listo para seguir. Tienes que buscar tu propia «judía mágica».

En el caso de los emprendedores, la judía mágica es, simplemente, creértelo. Al final, después de buscar en Google o consultar a otras personas, lo que haces a través de las respuestas es decirte a ti mismo: «Puedo hacerlo». Es decir, ya estás empezando.

También es importante decidirse. Una mente para empezar nuevas cosas es una mente que sabe lo que quiere y actúa a la mínima oportunidad. Esto, en sí mismo, no es ni bueno ni malo. Por ejemplo, este tipo de pensamiento es útil para emprender, sin embargo, no es tan útil en el momento en que el proyecto ya se ha hecho grande y se vuelve burocrático y hay procesos para gestionarlos.

Y ahí es donde el socio cobra importancia, sobre todo cuando es una persona que complementa esta actitud más impulsiva en el momento en que se requiere realmente la gestión, una persona capaz de aplicar la «calma» necesaria cuando estamos hablando ya de una empresa consolidada.

Al inicio, la mentalidad: «Ahora puedo hacerlo, quiero hacerlo, lo hago», es muy útil; a menudo, incluso más útil que la mentalidad: «Me espero al año próximo». Hay muchas personas que esperan tener una red de seguridad, un plan de fuga «por si acaso».

La primera vez que empiezas, no creo que sea necesario tener un plan de fuga; si esperas siempre un plan de fuga, normalmente no llegas a empezar nada.

En resumen, ¡busca tu judía, ponte frente a la montaña y empieza a subirla!

9.
Por arriba o por abajo

La pregunta que da más vueltas cuando queremos iniciar algo: ¿Empezamos por lo más visible de cara al consumidor o por tener unos buenos cimientos? Es decir, ¿empezamos la casa por el tejado? Es aconsejable seguir una sistemática aunque... a veces la improvisación es inevitable e incluso puede ayudar a salir de algún escollo.

Este es un punto peculiar. Cuando me propuse escribir este libro, creí que debía ponerme en la mentalidad de lo que pensé y lo que me encontré cuando empecé como emprendedor. Imaginé un texto que contuviese lo que me hubiera gustado haber escuchado o haber leído en aquel momento, y que en mi caso fui aprendiendo a medida que caminaba.

Tengo una contradicción con este punto en concreto. Cuando empecé, lo que más deseaba era empezar la casa por el tejado, pero en estos cinco años, he aprendido que resulta mejor empezarla por los cimientos, lo que no se ve. Ahora bien, hay argumentos a favor y en contra de las dos opciones, y por este motivo voy a hablar de ambas posibilidades.

Si es la primera vez, lo mejor que puedes hacer es empezar la casa por el tejado, entendiendo la casa por el tejado como que tienes unos recursos —suelen ser tus horas de trabajo— y, puesto que tienes poco tiempo porque quieres ir rápido, empiezas por lo visible (el tejado, la capa externa).

En nuestro caso, funcionó muy bien hacer un producto bonito, aunque se zarandeaba y amenazaba con desmontarse en cualquier momento. Esto te permite mostrar enseguida hacia dónde vas y, en el caso de que funcione, entonces puedes ir construyendo los cimientos por el interior sin que se note. El problema es que cuando ya tienes a mucha gente observando el proyecto, resulta más complicado trabajar los cimientos ya que es posible que esto origine cambios sobre la marcha que quienes te observan no acaben de comprender. De este modo consigues evaluar muy rápidamente la propuesta y su éxito y, además, impides que la competencia llegue antes.

Un ejemplo sencillo: Si te pasas once meses construyendo una aplicación informática, es posible que «Google Labs» presente algo semejante justo una semana antes de que lances tu producto. En cambio, si has lanzado tu producto y, posteriormente, «Google Labs» lo perfecciona, conseguirás que los artículos expliquen que «Google Labs» partió de tu idea.

Probablemente, en el segundo caso, la potencia de Google acabará haciéndote sombra, pero tu posición te permitirá iniciar un nuevo proyecto con el punto de apoyo del proyecto anterior. Excepcionalmente, si tu proyecto es excelente, la empresa mayor te comprará.

En resumen, tiene mucho sentido empezar la casa por el tejado. Ahora bien, esto presenta algunos problemas.

Si los pocos recursos que tienes ahora los dedicas a crear unos fundamentos sólidos, escribir, documentarte, etc., esto te permite que otras personas vayan entrando en el proyecto, porque se sabe perfectamente por dónde estás avanzando. En el otro caso, sólo tú sabes por dónde vas y hacia dónde te diriges. Es como imaginar una música, tenerla en la cabeza, interpretarla y, luego, escribir las notas en la partitura, o bien al revés, ir escribiendo, probando y, finalmente, interpretarla.

Cuando tienes los cimientos —la parte escrita—, puedes empezar rápidamente a realizarlo todo y es posible que nuevas personas se vayan uniendo al proyecto, pero es un proceso más largo.

Sin embargo, el punto más negativo de empezar la casa por el tejado es que, tarde o temprano, el edificio se cae, especialmente cuando empiezas a vender una versión demasiado prematura.

En el caso de eyeOS, vino de un tris que no empezásemos a vender la versión 0.9, que era todavía muy precaria. Hay un momento extraño, bonito, cuando comenzaron a hablar muy bien sobre eyeOS, pero todavía era técnicamente pobre. Al tratarse de programario libre, los mismos informáticos nos decían que en realidad era una *proof-of-concept*, una prueba de concepto. Y decías que sí, porque era verdad, pero al mismo tiempo, la gente lo veía como una idea muy potente.

En aquella época, Pol —el francés que nos ayudó a crear la empresa— hizo un dibujo ilustrativo que realmente reflejaba la situación. Se veía un edificio de cartón-piedra por detrás y yo, subido en una escalera sacando la cabeza por la ventana y saludando a la gente. Explicaba muy bien cómo nos encontrábamos, con dos vigas que sostenían nuestro proyecto. Lo bueno del caso es que no lo escondíamos; siempre dijimos que se trataba de una prueba.

La pregunta clave es: ¿Si hubiésemos empezado por los cimientos, habría funcionado igual? Probablemente no, porque justo después de nosotros aparecieron varios proyectos semejantes. De no habernos lanzado rápidamente, en nuestro caso, no habríamos sido los primeros, sino uno más.

A pesar de ello, en el mundo de la tecnología, quien inventa una idea normalmente no es quien acaba teniendo éxito con ella; el éxito suele ser para el que consigue hacer llegar esa idea a un público mayor, lo que los expertos llaman «alcanzar la masa crítica».

Entonces, ¿es mejor empezar la casa por el tejado? Bien, después de ver todo lo anterior, una solución a esta pregunta sería empezar primero por lo más visible de cara al consumidor/usuario (es decir, empezar por el tejado) y cuando la gente ya esté hablando del proyecto y empiece a tenerlo en cuenta, detenerte en seco mientras siguen hablando de ti, para preparar todo lo que no tienes (los cimientos) y dar solidez al proyecto. Se trata de encontrar el momento ideal mientras hablan de ti para dejar de incluir funcionalidades nuevas y dedicarte a pensar en la arquitectura de la idea.

La suerte

Un punto relacionado con todo ello es el de la «suerte». Siempre hemos tenido un punto de suerte, pero la suerte se construye. Te puedes crear un escenario en el que es más fácil que tengas suerte. Para entendernos, si juegas a la ruleta, puedes jugar a «rojo» o «negro», o bien puedes apostar al «32 rojo»; lógicamente, tendrás más suerte en la primera opción.

Hay dos tipos de persona: quienes te dicen que la suerte no existe y, por tanto, tú te lo has ganado, y quienes tratarán de quitarte todo el mérito diciéndote: «¡Qué suerte has tenido; tú no has hecho nada!».

En mi opinión, más que suerte, hay «mala suerte». Es posible que crees algo y que pocos meses después salga otra empresa más pequeña que la tuya y con menos recursos que haga algo similar a tu producto, pero con mejor calidad. O una empresa mucho mayor que la tuya y con mayor potencial de promoción. Parece que la mala suerte sí existe.

Ahora bien, en el caso de la suerte, lo importante es cómo tú valoras esta suerte, porque los demás siempre te dirán algo como: «Has tenido suerte y gracias a ella has triunfado», como si careciera de valor el esfuerzo o la manera como has buscado esa suerte. Lo que sí puede hacerse es preparar el terreno para «tener buena suerte», por ejemplo vendiendo las partes de tu proyecto que sabes que funcionan mejor y promocionándolas.

Sin embargo, en el tema de la suerte, lo cierto es que cuanto menos dejes que te influencie, mucho mejor. Esto se consigue apuntando bajo. O sea, cuando dibujes hacia dónde quieres ir, no dejes espacio para factores externos. Si puedes vender veinte, no te propongas vender doscientos, pon diez. Es la manera de darte cuenta de cómo vas progresando y, al final, permitirte a ti mismo ser optimista con los resultados reales contra los esperados.

Resumiendo, la suerte, la buena suerte y la mala suerte se pueden entender como aquello que te ayuda a ir un poco más rápido o más lento de como hubieras ido sin ese factor o, en todo caso, como algo que te muestra un camino que no habías visto antes y que puede resultarte de utilidad –por el contrario, llevarte inevitablemente al fracaso–. Lo importante es estar atento y saber reaccionar ante estos imprevistos. Lo mejor que te puede pasar es que algún día te digan: «Es que tú has tenido mucha suerte». Te dará rabia, porque sabrás que en realidad hay mucho más; sin embargo, en el fondo, eso significa que has sabido aprovechar todas las oportunidades que se te han presentado.

En relación con las críticas recibidas que hacen referencia a la suerte (buena o mala), me gustaría decir que lo mejor es tomarse las críticas por el lado positivo que a la defensiva o de manera prepotente. Lo mejor es recogerlas todas; tampoco hace falta hacerles una gran sonrisa falsa, sino simplemente encajarlas y tener la respuesta pícara de decir: «Pues mira, yo lo probé y me salió bien; igual si otro lo hubiese probado, también podría haber tenido suerte». En definitiva, tratar de llevarlo al mundo terrenal y explicar que la suerte que yo he tenido, la podría haber tenido él y, por encima de todo, hacerle comprender a quien critica que el emprendedor no está hecho de ninguna pasta especial. Es decir, hacer ver a la persona que te desacredita que tiene una carrera que tú no tienes, es más inteligente que tú y tiene más experiencia que tú; por tanto, de algún modo le estás diciendo: «Tú podrías haberlo hecho, porque yo no soy especial, de manera que si tú no lo hiciste fue porque no quisiste y, en lugar de criticar tanto, quizá sería bueno que empezaras».

Venderte

Uno de los primeros congresos a los que nos invitaron se llamaba WebDosbeta, que posteriormente se transformó en

Evento Blog España –uno de los grandes congresos de Internet en el país–. Era la presentación de Web 2.0 en España, en 2005. Nos invitaron para hablar sobre eyeOS, que en aquel momento era algo que empezaba a oírse. Teníamos dieciocho años y nadie nos conocía. Cuando nos llamaron, nos levantamos, pero poco después volvieron a llamar: «¡eyeOS!», como pensando: «Estos niños que se han levantado, son del público». Cuando saludamos con la mano, se escuchó un clamor por la sala, como sorprendiéndose de que fuésemos nosotros.

En WebDosbeta había unos 25 proyectos, de los cuales quizás quedan cinco o seis de vivos. Y esto no es desalentador en absoluto; al contrario, está muy bien que haya este número de modelos de negocios que cinco años después siguen manteniéndose sin depender de nadie o haber cerrado las puertas. Allí había un proyecto –no recuerdo ni de qué iba ni quién lo presentó–, del que me llamó la atención una dispositiva: una banderita animada decía: «Yahoo!, cómpranos». Me hizo mucha gracia, porque sin tener todavía ningún usuario, ya pedían que una gran empresa les comprase.

Por lo que he visto, las ofertas de compra suelen llegarte cuando no las necesitas; es decir, las anhelas cuando quieres el dinero de los grandes, sin embargo, las ofertas acostumbran a llegarte cuando tu negocio ya está funcionando bien –es decir, ya no los necesitas.

Empezar esperando que te compre una gran empresa como Google, seguramente es una tontería porque si tienes una idea que piensas que Google también la puede tener, y la empiezas esperando que te compren, Google nunca te comprará si no tienes algo que ellos no puedan hacer con sus «Google Labs» –cosa bastante difícil por su política de I+D+i–; tampoco te comprarán si no tienes una marca muy potente y, en este caso, te comprarán usuarios, o bien te comprarán marca + usuarios + tecnología.

Recuerda que Google tiene una política fantástica que permite que todos sus miles de trabajadores destinen un 20% de su tiempo a experimentar en proyectos que cada uno desee, entendiendo que, luego, estos proyectos serán de Google. En este sentido, no se puede olvidar que el proceso de selección de personal de Google es uno de los más duros que se conocen, de modo que el personal está enormemente cualificado. Por todo ello, se hace difícil pensar que tu proyecto no pueda haber sido pensado y experimentado previamente por este gigante.

Más que si te compran o no, lo que sí es útil es mirar las grandes empresas de Silicon Valley y decirte: «Seremos el nuevo Google o el nuevo Microsoft». Sin embargo, si vas con la idea «Google me comprará», acabas tomando muchas decisiones inadecuadas, porque tienes un objetivo muy improbable y este te desviará del rumbo del éxito. Esto es válido para cualquier proyecto, no sólo para los tecnológicos.

En el caso de eyeOS, seguramente porque éramos muy jóvenes y el proyecto era muy web, nos lo dijeron mucho. Y al final incluso cuesta responder: «Es que no queremos que nos compren, no nos interesa», porque enseguida te responden: «¡Mentiroso, hipócrita! Esto es que no han puesto suficientes ceros». Sin embargo, nuestro modelo de negocio no interesa por unas cuantas razones; la principal, que es un programario libre. Cuando te has quitado de la cabeza esta idea de si te compran o no, curiosamente es cuando empiezas a desarrollar el modelo de negocio que en realidad querías, empieza a funcionar el proyecto... y es cuando, en estas circunstancias, alguien se interesa; entonces sí, puedes poner los ceros que quieras, porque ya no necesitas que te compren.

Un emprendedor me comentó: «Cuando yo vendí, vino la gran empresa, me ofreció veinte y acabé vendiendo por doscientos». Resulta que cuando el comprador fue a visitarle, le ofreció una cantidad de partida y él respondió que no sólo no lo necesitaba, sino que filtró el rumor de que otra empresa le quería comprar. Esto es algo peligroso, porque cuando se llega a un principio de acuerdo, también se establece una hoja de ruta para definir los pasos conjuntos y el tiempo; en este compromiso también hay, naturalmente, una cláusula de confidencialidad. Sin embargo, él filtró el rumor y entró en un proceso de subasta entre dos grandes, lo que hizo subir el valor inicial hasta multiplicarse por diez. En este caso, se trata de un emprendedor que en un momento dado no necesitaba que le comprasen, pero tuvo la suerte de que se interesaran por él, en el mismo momento, dos grandes empresas, de modo que pasó de ser rico a ser muy rico. Este tipo de cosas son las que puede hacer la suerte, y este ejemplo me parece que explica bien cómo hay que preparar un camino para que la suerte sea propicia. En otras palabras, los mínimos para subsistir no deben dejarse en manos de la suerte, sino que la suerte constituye el «extra».

10.
Descanse en paz.
He muerto (de éxito)

Si has seguido los pasos descritos hasta este punto, es muy probable que alcances esa meta en la que consideras que tu idea ha triunfado. Pero tener éxito puede ser un cuchillo de doble filo, porque algunos se duermen en los laureles mientras que, otros, olvidan los objetivos iniciales, se dedican a hacer dinero y... no piensan en seguir innovando. Ambos casos son un preludio al fracaso.

De la lista inicial de cosas para hacer antes de lanzarse a la piscina, ya hemos visto algunas:

- encontrar a las personas,
- pensar cuánto dinero necesitaré,
- conseguir el dinero,
- definir la idea inicial para mí mismo (para poder revisarla dentro de cinco años si hace falta, y saber cuál era esa idea inicial en caso de que haya que reorientar el negocio), y

- definir cuándo consideraré que he tenido éxito (o en qué punto consideraré que he fracasado).

Me gustaría reservar algunos párrafos a este último punto. Y le dedico una atención especial porque muchas veces, cuando la idea empiece a funcionar, quienes tienes alrededor (tanto quienes conoces y te han dicho que no te saldrías con la tuya, como quienes no conoces, pero se aproximan a ti porque la idea funciona –los nuevos amigos, incluyendo los medios–), te harán creer que eres mayor de lo que en realidad eres.

Por ejemplo, en nuestro caso, un buen día un periódico económico importante –*Expansión*– publicó un artículo con un título elocuente: «Los Bill Gates catalanes». Esto es bueno, porque llama la atención de muchas personas hacia tu trabajo. Ahora bien, es innegable que tú mismo, cuando lo lees, notas un subidón de adrenalina y es muy fácil que te repitas: «¡Pero qué bueno soy en eso!». Es muy útil estar prevenido frente a esta posibilidad.

Por fortuna, muchas veces, la realidad te hace aterrizar pronto. Por ejemplo, tienes que pagar el alquiler el próximo mes, o tienes que pagar la mensualidad del préstamo y no sabes cómo hacerlo.

El éxito es una de las cosas más difíciles de gestionar, por más que asistas a conferencias que te expliquen cómo hacerlo. Y creo que eso es así, porque no te darás cuenta de lo que te sucede hasta que te des un trompazo —y normalmente es un trompazo en el entorno personal—, porque te has crecido demasiado. Y si nadie es capaz de decirte: «Escucha, creo que tienes el ego demasiado hinchado», probablemente el batacazo será todavía mayor y acabes muriendo de éxito.

Llega un momento en el que ya has conseguido enamorar a la prensa con el proyecto, con tu propia historia personal (porque eres más rubio, eres más joven o eres ciego, da igual), o con ambas cosas a la vez. En este preciso momento, son muy útiles tonterías como que, cuando ya tienes la radio, la televisión y los periódicos de tu lado, dejes de mandar notas de prensa y comunicados durante una época. Entonces te das cuenta de qué significa ser un vasallo de la prensa, de cómo te desgasta, del tiempo que te quita para dedicarte al proyecto o para dedicarte a tus clientes. Entiendo que si has estado dos años esperando este momento, lo que estoy diciendo podrá parecerte una aberración; estás tan embriagado por el éxito, que ahora no querrás parar por nada del mundo. Te dices: «Ahora continuaré, continuaré y continuaré», de modo que cada vez irán acercándose más y más clientes, que no quedarán satisfechos porque no podrás atenderles como merecen.

Así llegan las primeras malas caras. Los clientes empiezan a dejar de sonreírte como al principio, porque se sienten maltratados. Ese es el principio del fin; empiezas a morir de éxito. Incluso pueden aparecer los primeros problemas con los socios, que quizás inicialmente eran amigos, pero poco tiempo después ya no lo son tanto.

Creo que gestionar el éxito tiene dos facetas: la de gestionar el éxito en el día a día y la de morir de éxito. Existen grandes tratados sobre morir de éxito, pero yo lo resumiría de una manera simple: un indicio de que estás empezando a morir de éxito es cuando cambia el discurso de tu cliente actual en relación con el primer cliente. La razón es sencilla: cuando empiezas, los clientes siempre están contentos porque son los únicos clientes que tendrás a quienes no les contarás el dinero que realmente te estás gastando con ellos; pactarás un precio y trabajarás cuanto tengas que trabajar para solventar el problema. Únicamente te importará que quede contento, porque es uno de tus pocos clientes, de tus pocas fuentes de ingresos, y todos los futuros clientes te llegarán a través de él. Luego, el enfoque cambia; cuando has crecido y eres incapaz de gestionar lo que tienes entre manos (porque cuando el encargo es superior al presupuestado o inviertes más horas en él, pedirás también más dinero), el cliente se irá enojado. Si, además, no te importa que se marche un cliente, esta es una señal inequívoca de que estás empezando a morir de éxito; es el punto de inflexión antes de estrellarte.

Creo que es buena aquella máxima de que un cliente contento atraerá a cuatro clientes más, pero un cliente enfadado dejará de recomendarte a veinte personas.

En este caso, la solución radica en ser más de un socio, porque uno puede avisar al otro. Uno detecta los problemas del otro… Puedes decirle a tu compañero: «Abre la ventana porque tu ego ya no cabe en este despacho». Probablemente esto genere algún roce, pero en el fondo es bueno; puede ser la oportunidad para evitar que el proyecto fracase. En el fondo, le estás diciendo: «Si seguimos así, fracasaremos, porque continúas pensando que vales lo que alguien te pagó un día; tu caché subió, encontraste un cliente rico que te pagó esa cantidad, pero no lo volverás a encontrar».

Por tanto, la única manera de evitarlo es sencillamente irte recordando de vez en cuando que estás teniendo éxito porque nadie antes se ha puesto en ello. Es decir, en el mejor de los casos, lo único que has tenido es la «suerte» de que nadie antes se haya puesto en ello. En el fondo, es un acto de agradecimiento, reconocer, con los pies en el suelo, «qué suerte que he tenido».

Por tanto, perseverancia, pero también ser más humilde de lo que eres. Ser radicalmente humilde a la hora de explicar quién eres. Es decir, «yo soy una persona con menos estudios que tú, que empezó así, etc.» y, naturalmente, creértelo.

O sea, pensar: «¡Está todo por hacer!».

Y esto es así, incluso para quien creó Windows, o para los creadores de Facebook. Fíjate, sino, cuántos habitantes tiene el mundo (seis mil millones), y cuántos están en Facebook. Realmente, está todo por hacer.

Incluso con todo el éxito del mundo, puedes seguir pensando en esto, porque si una vez has tenido una idea buena, mañana puedes tener otra. Con una ventaja adicional: la segunda vez, con un nuevo proyecto, ya tendrás mucha más información de la que crees, porque habrás aprendido.

Triunfar y fracasar

Quería terminar este libro volviendo al punto de partida, regresando a aquella noche en la que no puedes dormir y anotas tu idea para emprender, el momento en el que piensas en tu éxito y tratas de imaginártelo, de delimitar en qué consistirá.

Ahora, después de leer estas páginas y considerar las reflexiones y los ejemplos discutidos, quizá sea el momento de volver sobre lo que habías escrito que sería para ti «éxito» en tu proyecto. ¿Sigues pensando lo mismo?

En realidad, es muy recomendable irse preguntando periódicamente: «Para mí, ¿qué es triunfar?», porque el concepto cambia o se modifica con la edad, con las experiencias y a medida que se va avanzando en el proyecto. Si eres joven, al principio, puede consistir en tener mucho dinero, crear Google o ser turista espacial. Creo que al principio es muy fácil entender el valor de triunfar tratando de tomar como modelo alguien que para ti ha triunfado. Por ejemplo, Mark Shuttleworth, el creador del Sistema Operativo Ubuntu, fue el segundo turista espacial del mundo y el primero de África;

uno de sus objetivos era ganar suficiente dinero para poder viajar al espacio. Quizá si hoy en día alguien se pone como meta ir al espacio, requeriría mucho menos esfuerzo, porque él tuvo que pagar millones de dólares y hacer un curso de entrenamiento en Rusia, mientras que actualmente Virgin está planteando viajes espaciales por 143.000 dólares.

Al principio, eso de triunfar es muy fácil si te miras en el espejo de alguien, y puede consistir en ganar dinero o tener un nombre. Quizá triunfar es lo que logró Richard Stallman, el creador del movimiento GNU de software libre que, según dicen, no es rico, no se aloja en hoteles, sino en la casa de las personas que lo acogen, es extrovertido y le gusta cantar. O, en el otro extremo, quizá sea lo que ha logrado Amancio Ortega, el creador del imperio de ropa Zara, una persona con una enorme fortuna y que, en cambio, prácticamente no se deja ver en público. Con el tiempo, la idea de triunfar cambia y creo que tienes que aferrarte a aquella que no se parece a lo que nadie más puede ofrecer, porque está fuertemente relacionada con tu producto. Llega un momento en el que dejas de pensar en dinero y te dices, por ejemplo: «Para mí, triunfar es llegar a quinientas personas que se hayan tatuado mi marca y me hayan mandado una fotografía». Seguramente, cuando muchas marcas conocidas empezaron su singladura, no se podían imaginar la posibilidad de que alguien pudiera llegar a tatuársela. Sin embargo, la legendaria marca de motocicletas Harley-Davidson es, probablemente, una de las más tatuadas en todo el mundo.

Evidentemente, siempre hay un trasfondo económico, pero la cifra va variando y en el momento en que tengas claro que triunfar está muy relacionado con lo que haces, creo que esta idea es la que debes conservar. Lo mismo sucede con el hecho de fracasar.

Hay que contemplar la posibilidad de que en un momento determinado te resulte muy obvio que tu proyecto no puede funcionar más porque, por ejemplo, has creado un producto innovador pero resulta que alguien lo ha hecho con la misma calidad —a veces superior— y lo vende la mitad de barato. Ya no tiene sentido continuar. Entonces puedes optar, o bien por marcharte silenciosamente, sin hacer ruido y sin que nadie hable sobre ello, o bien haciendo ruido mediático. Depende del concepto. En nuestro medio, fracasar suele considerarse algo «malo», mientras que en otros países es algo muy positivo porque significa experiencia.

Cada uno tiene que montárselo a su manera. ¿Qué hacer ante un fracaso? Pues quizás empezar a escribir un dietario en el que detalles qué es fracasar para ti.

Dicho esto, me apresuro a aclarar que, si bien hablar de fracaso es una parte obligada de cualquier libro sobre emprendedores, es la parte a la que no acostumbramos a prestar interés. Espero que nunca tengas que leértela de nuevo para saber qué hacer ante un eventual fracaso. Sí que es cierto que hay que tener la posibilidad de fracasar en algún lugar

---

de la cabeza —y que muchas veces es evidente que has fracasado aunque no quieras admitirlo.

El hecho de no querer admitir el fracaso hace que, muchas veces, cuando menos te los esperas empieces a tener un mínimo éxito. Lo que sucede es que a menudo empiezas a perder dinero y horas hasta que el fracaso es demasiado estrepitoso. En esta situación, recomiendo «dormir el proyecto», congelarlo y minimizar la inversión necesaria cada mes. En realidad, la posibilidad de que vuelva a funcionar es quizá del 1%; o sea, que si es posible, guarda el proyecto y, de vez en cuando, vuelve a pensar en él. Por este motivo, más que fracasar, hablo de dormir un proyecto.

Evidentemente, es mucho más complicado en el momento en que hablamos de una empresa que está funcionando y que tiene trabajadores en nómina, porque «dormirlo» significa entonces despedir a todo el mundo, expediente de regulación y toda una serie de cosas de las que da mucho miedo hablar.

La percepción del fracaso es distinta para un emprendedor que para un empresario. Para un emprendedor, fracasar será equivalente a decir: «No ha funcionado, de modo que me voy a otra cosa», mientras que para el mismo emprendedor, cuando le ha funcionado, fracasar significará exponerse, tener que hacer un expediente de regulación de empleo, pensar: «Tengo que despedir a tantas personas, tengo que decidir si 22 o 45 días...» y cuando te enfrentas a todo esto, es inevitable preguntarte: «¿Qué emprendedor tan nefasto soy, que me veo obligado a despedir a los trabajadores?». Te has convertido en un empresario y te ven como tal.

Como colofón a este manual para emprendedores, me gustaría que quedase claro que ser emprendedor es una cuestión de actitud y no de profesión, mientras que ser empresario es más una profesión.

«Fracasar», para un emprendedor, es sinónimo de «dormir» y el fracaso es tan sencillo como «guardo el proyecto en el cajón y empiezo otro». Un emprendedor sabrá que es empresario el día que se enfrente a hablar con la gente sobre qué nos lleva a despedir a tantos trabajadores.

En cualquier caso, al final, lo importante es que tengas la conciencia tranquila para poder dormir bien, en cualquiera de los dos casos.

Quizá llegue un momento en el que tengas que escoger entre ser emprendedor o empresario, y si lo que te gusta es emprender, tendrás que optar por que alguien te dirija la empresa: tiene su parte positiva porque es una persona que llevará la parte de gestión, pero terminas poniéndote un jefe por encima. Por muy bien que marche todo, lo cierto es que algún día se producirá un choque entre ambos y, cuando se produzca este choque, tienes que tener muy claro que tú escogiste que fuera tu jefe y, por tanto, debes respetarlo. Es decir, antes tienes que pensar bien hasta qué punto estás dispuesto a que alguien sea tu jefe y, a veces, suceden cosas curiosas.

Un ejemplo aparentemente banal, pero que sirve para pensar en el tema: puede suceder que, cuando tu jefe lleve tres meses en el cargo, un día tú llegues tarde y empiece a mirarte mal. Hay que haber reflexionado sobre todo esto con anterioridad y, cuando sucede, puedes tomártelo de dos maneras.

La primera, con una sonrisa interior, pensando que el profesional que tú escogiste para ser tu jefe está enfadado porque has llegado tarde, y realmente no deberías haber llegado tarde porque, si eres una persona que lideras visiblemente hacia fuera de la empresa, si no lo haces también dentro, acabas perdiendo muchas cosas buenas; lo mejor es pensar que, en realidad, es una señal de aviso de tu jefe, que te está diciendo: «Vigila, porque tienes que dar ejemplo» y lo mejor es reconocerlo, e incluso decírselo: «Lo siento, tienes razón», e incluso comentarle lo gracioso de la situación.

La segunda manera es hacerle frente; normalmente no te despedirá, pero seguramente sí se desmotivará y quizás acabe marchándose ya que no puede seguir ejerciendo su función porque choca contigo.

Si no quieres tener un jefe, puedes optar por ser tú mismo el empresario, en caso de que te guste suficientemente hacerlo. En este sentido, existen numerosas opciones para adquirir conocimientos básicos o avanzados; existen muchos cursos e incluso becas. En mi caso, por ejemplo, fui el primer becario del Esade Enterpreneurship Institute y participé en un curso llamado «Programa de Directores Propietarios». Quizá no sea necesario hacer un curso o, cuando lo necesites, estés tan atareado que no tengas tiempo para dedicarte a eso. Sea como sea, lo que sí es importante es prepararse, aunque sea leyendo libros sobre el tema.

11.
And the winner is...

A veces, el éxito de la empresa conlleva un reconocimiento público notable en forma de premio. Este es un aliciente importante, un buen espaldarazo a la idea convertida en proyecto y, finalmente, en empresa. Ahora bien, ganar un premio importante significa, también, tener que administrar la humildad y ser consciente de la necesidad de seguir innovando para que esa idea inicial tenga mucho futuro por delante.

De premios, hay muchos, de modo que ganar un premio resulta bastante fácil. Y ganar un premio es interesante por la sensación que te provoca en cada momento. Hay premios poco conocidos que valorarás muchísimo; en cambio, hay premios muy conocidos que valorarás mucho, pero quizá los pongas a la altura de otros galardones que nadie valora.

En agosto de 2009, eyeOS fuimos «proyecto del mes» de Source Forge –el *hub* que contiene más programario libre (más de 180.000 programas), es el lugar donde nacen la mayoría de proyectos de software libre y genera mucha confianza–. Ser escogido proyecto del mes en este *hub* es, por tanto, algo muy grande. Lógicamente, para quien no conoce este mundo, no tiene mayor importancia; sin embargo, en cuanto me llegó la noticia, tuve una sensación muy especial. Pensé inmediatamente: «Ahora sí estamos teniendo éxito».

Pocos meses después, un día de verano estaba comprando una horchata al lado de mi oficina cuando me llamaron por teléfono. Era el Consejero, que me anunciaba que nos acababan de otorgar un premio nacional de comunicaciones en el ámbito de Internet. La sensación que tuve fue muy parecida o quizá algo mayor, porque se trataba de un premio nacional. Sin embargo, al mismo tiempo sabía que para una persona que viviese en la India, este premio no le diría nada, pero sí se formaría una muy buena opinión de eyeOS al ver que nuestro proyecto había destacado en Source Forge.

Lo importante, en el fondo, es la sensación que te proporciona. A veces te dan simplemente un logo que puedes colocar en tu página web; otras veces, los premios consisten en dinero. Según el momento en el que se encuentre el proyecto, te podrá convenir más una cosa o la otra.

And the winner is…

Hay que saber que habitualmente, un premio lleva al otro, esencialmente porque lo difícil es lograr el primer reconocimiento a una labor nueva y, además, porque al pasar el tiempo, el proyecto va adquiriendo mayor calidad.

Quería terminar con la experiencia que tuvimos con el Premio Príncep de Girona que nos otorgaron en junio de 2010. En enero de 2010 me invitaron a dar una conferencia en la primera edición del Forum Impulsa –un foro presidido por SS.AA.RR. los Príncipes de Asturias y de Girona, en el que se iban a otorgar los Premios Impulsa, el equivalente a los Premios Príncipe de Asturias, pero para menores de treinta y cinco años–. Me invitaron como ponente, junto con otras nueve personas muy importantes, entre las que estaba alguien a quien admiro profundamente, el Premio Nobel de la Paz Muhammad Yunnus.

Pensé que se trataba de una ocasión realmente única y me preparé muy bien para ello. No era tanto por el número de personas (ya había hecho conferencias multitudinarias ante un millar de personas en Brasil), sino quizá por las personas que estarían allí, personas muy notables. De todos modos, pronto empecé a pensar que tenía que ser una conferencia más, porque si cambias de estilo porque entre el público están SS.AA.RR. los Príncipes o presidentes de entidades bancarias, acabas traicionándote a ti mismo. Y creo que este fue el acierto. De modo que decidí dar la conferencia sin presentación en PowerPoint y vestido a mi estilo, con mis zapatillas Converse y una camiseta.

Estaba en ello, cuando un mes antes del Foro me llamó el presidente para anunciarme que nos habían dado uno de los galardones Impulsa Empresa de ese año. Los premiados no tienen discurso, pero en mi caso, disponía de veinte minutos preciosos para explicar el proyecto. Fue, según me dijeron, una de mis mejores conferencias, quizá porque me limité a quitar trascendencia a las cosas malas que habían sucedido y, por el contrario, regalar optimismo y humildad.

En resumen, cada vez que te dan un premio, sea menor o no, lo importante es cómo te sientes. La sensación que te provoca. Y siempre tiene que ser buena.

12.
Bla, bla, bla

Para que el proyecto funcione, para que la empresa se expanda y sea conocida, es importante poder hablar de él en público con propiedad, dando una imagen determinada, transmitiendo unas emociones concretas.

Tarde o temprano llega un momento en el que tendrás que hablar de tu proyecto. Tendrás que comunicarlo de una manera eficaz a otras personas.

Hablar.

Bla, bla, bla

Este es el capítulo más complicado de escribir, sin duda. Dicen que hablo bien, aunque los que realmente saben hablar dicen que cometo muchos errores. Que engancho a la gente, aunque un profesional de la oratoria me corregiría muchas cosas. Pero, en cambio, me gusta hacerlo así, y prefiero seguir con esos errores, hasta que con el tiempo se corrijan solos, sin forzarlo. Por eso, el objetivo de este capítulo es intentar transmitir las ideas que me he ido creando sobre el hecho de hablar, aunque antes quiero dejar algo bien claro: Nadie me ha enseñado a hacerlo.

Bla, bla, bla (parte II)

Hablar lo es todo. En cualquier situación y momento, la gente sólo sabe quién eres y cómo eres, cómo de fuertes son tus ideas y cómo de débil eres tú, por tus palabras. Cada vez que abres la boca, sin importar si te diriges a una sola persona o a cuatrocientas mil, todo puede cambiar.

El mejor consejo posible aquí es: No te dejes aconsejar. Cada persona tiene una manera diferente de hablar y, al final, intentar copiar a alguien sólo te lleva a no ser original.

Si la idea de ponerte delante de un grupo (no importa cómo de grande sea) te da algo de yuyu, simplemente plantéate todo al revés. Aquello de «El mundo al revés» a lo que jugábamos cuando éramos niños es, a veces, una gran idea: en lugar de ponerte delante de las personas y sentir que estás arrancando cada palabra que dices, plantéate que lo vas a hacer fatal. Tan, tan mal, que no vale la pena pensar que estás hablando, porque hasta te da vergüenza ajena hacerlo.

Cuando tengas esta idea en la cabeza, ya sólo te queda decir lo que querías. Una buena idea es siempre reírse de uno mismo. La persona que te está escuchando debe pensar que eres más de lo que dices, nunca menos. En otras palabras, el único objetivo que siempre debes perseguir es pasarte de humildad. Al final, ser emprendedor puede significar hacer muchas cosas a la vez, que en conjunto te convierten en alguien especial; sin embargo, al separarlas todas, te das cuenta de que no haces casi nada muy bien. Por eso te rodeas de personas que sí hacen esas cosas bien. Y si no lo perciben cuando hablas, o tú quedarás como un sucio prepotente, o ellos simplemente dejarán de escuchar.

¿Un chiste?

La gente se ríe cuando la espontaneidad gana a todo lo demás. Traer un chiste preparado de casa es como llevar un tupper con salsa boloñesa siempre encima por si algún día te encuentras unos espaguetis sin salsa: cuando te planteas usarla ya ha perdido toda la gracia, está más que caducada.

La mejor manera de hacer que la gente que te escucha se sienta cómoda, sonría y lo más importante, te escuche con atención, es ser natural. Si tienes que reírte de algo, que ese algo seas tú mismo. Que te hayan echado de una universidad, que tengas un catarro tan grande que casi no se te entienda o que hables con un brazo roto son excusas geniales para romper el hielo. Y si tienes la suerte de estar en las franjas de edad «raras» (donde la gente se sorprende sólo por tu edad antes de que empieces a hablar), es decir, o menos de veinte o más de sesenta, aprovéchalo. Debes ser tú el que cuente que una vez te dijeron: «Antes de que tú nacieras yo ya hacía lo que tú haces» o «Hubo un día que esperando que empezara el No-Do... ¿Sabéis qué es el No-Do, hijos?». Así ya nadie se planteará desacreditarte por tu edad.

Finalmente, más que pensar un discurso, cuéntate a ti mismo lo que vas a decir y pregúntate... ¿me interesa? Hay veces que no quedará más remedio que dar un coñazo de charla, pero siempre habrá una excusa para arrancar una sonrisa. Una charla de la legalidad en los datos de terceros en *cloud computing* puede transformarse en algo ameno, sobre todo teniendo en cuenta que la gente que te está escuchando está preparada para una charla somnífero, así que cualquier detalle será recibido con gran alegría. Como ir al cine a ver la película que todo tu entorno te ha dicho que no veas.

La emoción

Probablemente la clave de todo, la respuesta a todas las cosas aquí no es «42». Aquí es la emoción. Al hablar transmites lo que sientes. Es tu proyecto, tu bebé, y la gente tiene que emocionarse tanto como tú al contarlo. Aunque lo hayas contado veinte mil veces, si la vez número 20.001 lo haces con menos entusiasmo, la gente se irá comentando la gran pérdida de tiempo que ha sido venir a escucharte.

Debes demostrar que sabes de lo que hablas, pero sobre todo, que lo que dices lo dices convencido, porque tú te lo has guisado a fuego lento y te lo sabes mejor que nadie.

Un emprendedor, al hablar, es un vendedor de algo. ¡Un mago! En realidad, lo que haces al hablar es hacer magia delante de todas las personas que tienes delante. Porque ahora que ya has conseguido que estén sentadas y que tú seas su único foco de atención, ya no tiene sentido pensar en cómo atraer a gente. Ya la tienes ahí, ahora sólo tienes que emocionarla.

Debes conseguir que al contar que te echaron de la Universidad, todos deseen ser expulsados. Que al contar que perdiste un diente de un golpe con una puerta... sí, todos piensen en qué afortunado eres y cómo les gustaría tener ese mismo accidente. Luego no está de más recomendar que nadie deje la Universidad ni se rompa un diente, comentando que ya que a ti te ha ido bien, la estadística dice que a ellos no les irá bien y te acabarán odiando. A ti y a la estadística.

Las personas importantes
(¡*Very Important People!*)

El presidente de Telefónica, el Príncipe o Felipe González. Lula, Mas o la ministra Garmendia. Todos son personas, y tienen la misma capacidad que tú de aburrirse o divertirse. Ten eso en mente.

Cuando te están escuchando, el importante eres tú durante un rato. Y cuanto más importantes sean los que te escuchan, más importante eres tú por merecer su tiempo. Y más caro es ese tiempo, así que puedes sentirte orgulloso.

Pero lejos de ponerte más nervioso, cuando hables delante de ellos, debes estarlo menos: porque no tienes que convencerles de nada. Si están escuchándote directamente, es porque ya les han vendido que eres alguien interesante. Si no, habrían mandado a alguien en su nombre (es entonces cuando hay que estar nervioso). Cuando has llegado arriba y el que te escucha es el VIP de verdad, ya no hay motivo para estar nervioso.

Simplemente debes tratarlos como quisieras que te trataran a ti: son personas importantes, influyentes y que están acostumbradísimas a que les hagan la pelota y les hablen de usted. Quizás hablar de usted está bien (aunque tengas diecisiete años o noventa y cuatro, la regla es la misma: vas de guay a un VIP y te borra de su cabeza cuando se marcha; es una mala idea). Y nada de peloteo. Es importante que la persona que tienes delante, sea el presidente de Telefónica o la persona que menos cobra de tu empresa (que, por otro lado, no estaría mal que fueras tú mismo), debes hacer que se sienta importante. Ya que eres tú el que habla, al menos que el importante en ese momento sea él.

El tiempo

Si te dicen que tienes veinte minutos, usa 19.

Las ganas

Cuando vayas a hablar, no sientas que te quieres comer el mundo. Siente que te lo estás comiendo en ese mismo momento.

La postura

De pie mejor que sentado en la mesa. Sentado en la mesa mejor que sentado en una silla. Sentado en una silla mejor que sentado y detrás de una mesa. Y detrás de una mesa mejor que escondiéndote detrás de un micrófono o una pantalla. ¡Que te vean!

Sonríe

No importa si eres difícil de ver o si siempre te han dicho que deberías ser actor: si no sonríes, te hacen una foto y la ponen en Flickr, odiarás toda tu vida esa foto.

Viste mal

Si vistes mal, pero es tu estilo (camisetas incorrectas, Converse y tejanos), úsalo también para cuando hables delante de la gente. En todo caso si es importante tiende a lo neutro (la camiseta gris sin dibujo antes que la del tío que se suicida).

Cuando vayas a dar la charla de tu vida, ten dos cosas en la cabeza: primero, que no es la charla de tu vida y que en menos de un año darás otra más importante, y segundo, imagina que será un día como cualquier otro cuando estés decidiendo qué ropa ponerte.

No esperes un aplauso

El momento más incómodo para alguien es sentir que está obligado a aplaudirte. Acaba y vete rápido. Si te aplauden, sonríe y da las gracias, pero no lo esperes.

Me inspira mucho el famoso discurso de Steve Jobs en una graduación. Se trata de un discurso pronunciado en la Universidad de Stanford, que muchos consideran «el gran discurso». Trato de verlo un par de veces al año e, indefectiblemente, lo he hecho antes de los discursos más importantes que he tenido que dar.

Su presentación está dividida en tres partes. Empieza explicando la historia de su vida hasta que fundó Apple, luego habla del éxito y el fracaso –refiriéndose al momento en el que superó un cáncer de páncreas–, y finalmente habla de un cómic de la Universidad en cuya redacción participó. Lo impresionante es la humildad que se respira en todo el discurso, puesto que empieza diciendo: «Esto es lo más cerca que estaré nunca de una graduación» ante el auditorio de esa universidad, cuando él no tiene ninguna carrera (a pesar de haber creado una gran carrera). Su personaje enamora al auditorio, porque ha logrado ser humilde, a diferencia de otros personajes.

Si consigues ser humilde mientras estás seguro de ti mismo y tienes clarísimo dónde vas a llegar, tienes una mezcla que te llevará a la Luna. O más lejos, tú decidirás.

Epílogo

¿Qué tienen en las manos? ¿Una historia personal de un joven creativo, innovador y exitoso? ¿O algo más que eso, que ya sería mucho? Este libro pone de manifiesto de manera sencilla, desenfadada, la trayectoria vital de un joven de 23 años, Pau Garcia-Milà, que simboliza el espíritu emprendedor del que he hablado en tantas ocasiones. Pasar de la idea a la propuesta innovadora; de esta al emprendimiento necesario para hacerla avanzar hasta transformarla en una oferta que nos añada valor a los demás. Asumir el fracaso como experiencia y digerir el éxito con humildad. No resignarse, etc. Hasta el remate final: hay que aprender a explicar atractivamente lo que se hace. Hay que dominar el arte de hablar de tu proyecto, para que los demás comprendan el valor que añades.

Todo se puede encontrar, y a veces intuir, en *Está todo por hacer*, título de la obra que expresa rebeldía ante el conformismo, confianza en la capacidad creativa de los seres humanos y que nos enfrenta a la gran realidad de nuestro país y de Europa: solo disponemos de capital humano, como la gran variable estratégica para salir adelante, para avanzar en esta nueva realidad mundial que se configuró a partir de la revolución tecnológica.

Lo contrario, como dice él mismo, del «ya está todo inventado» de Charles H. Duell (1889). Pero también de las frases que nos acompañan en este cambio de civilización como «el fin de la historia», o la más clásica de nuestra tradición: «que inventen ellos».

Y tiene razón. Hemos visto muchos cambios en el último cuarto de siglo. Lo que nos parece habitual, incluso imprescindible para nuestra vida cotidiana, no existía, ni se imaginaba que pudiera existir. Ahora, la única certeza que nos queda es la de que en los próximos 25 años dispondremos de otras muchas innovaciones que tampoco hoy imaginamos, que apenas podemos vislumbrar, como si se tratara de ciencia ficción.

Lo más permanente es la condición humana, que nos lleva a la esencia de los comportamientos, de las percepciones del mundo. Y sobre esa condición humana se puede hablar del espíritu innovador, del carácter emprendedor, del éxito o el fracaso de la creatividad.

Pau recorre esa geografía de la condición humana y nos dice: todos tenemos ideas, aunque nos neguemos a verlas; o a veces tenemos demasiadas que se amontonan para salir y nos paralizan; o tengo la gran idea pero no sé llevarla a la práctica; o no consigo los medios materiales y financieros. A todo ofrece respuesta inteligente, audaz, como reflejo en la obra de su mente creativa y, a la vez, emprendedora.

Me costó años de esfuerzo comprender que había que aprender a emprender; me desespera que no veamos, como cultura, el valor decisivo de la innovación, y que por ello nuestra sociedad siga sin arriesgarse a valorarla, a impulsarla y apoyarla.

Insistimos mucho en la necesidad de mejorar la educación, la formación profesional, la investigación, el desarrollo y la innovación, pero nos resistimos a ver el obstáculo clave: hemos adquirido conocimientos –en cantidad y calidad adecuadas–, pero ¿alguien nos entrenó durante el proceso para transformar ese conocimiento en ofertas que añadan valor a los demás? ¿Cuántas veces nos vemos con un título en la mano o en la vitrina con el que no sabemos que hacer? ¡Aparte de convertirnos en demandantes titulados!

Con dificultad he tratado de transmitir la importancia que para la formación de un ser humano tiene la consciencia de oferta, porque la de demanda la tenemos muy desarrollada. Pau Garcia-Milà es el caso típico de alguien con esa consciencia de oferta. Tengo una idea innovadora que llena un hueco en la demanda –o que genera por sí misma una demanda nueva, que es mejor–; la aterrizo con los pocos medios de que dispongo; y cuando este emprendimiento está en marcha, tengo que desarrollarlo con medios materiales –financiación– y con medios humanos –colaboradores–. Además de la creatividad, necesito convencer: el arte de la palabra.

¿Qué nos falta para que haya muchos Pau? Un entorno social, económico y político adecuado, que no tenemos. Por eso, mucha de las gentes brillantes, innovadoras, creativas, tienen que irse de nuestros lares a buscar ese entorno. Por eso, en España o en Europa no tenemos esos fenómenos globales de éxito que se producen en EE.UU.

Este libro es una respuesta a eso que llamamos «economía del conocimiento», pero que nos creemos poco, ni siquiera lo justo.

FELIPE GONZÁLEZ, ex presidente del Gobierno

25 de enero de 2011

Su opinión es importante.
En futuras ediciones, estaremos encantados
de recoger sus comentarios sobre este libro.

Por favor, háganoslos llegar a través de nuestra web:

www.plataformaeditorial.com

Dinero y conciencia
¿A quién sirve mi dinero?

Joan Antoni Melé

Prólogo de Álex Rovira
Presentación de Esteban Barroso

plataforma actual

4ª edición

«Cuando el dinero tiene un poder positivo»

Afrontar con sinceridad y valentía nuestra relación
con el dinero es algo que nos permitirá alcanzar
nuestra dimensión más humana.

¿Cómo se desafía al destino cuando
los demás parten con ventaja? ¿Cómo encarar la vida
cuando la excelencia no es suficiente?
La respuesta no está en la cabeza sino en el corazón.